ビジネス日本語における条件表現

― 日本語教育の観点から ―

叶 希(ヨウキ)

YUKENSHA

ビジネス日本語における条件表現
―日本語教育の観点から―

【目　次】

【目次】Contents

序章　条件表現の従来の研究と本論の立場 ——— 1

　1　研究背景と目的　　1
　2　先行研究と本論の観点　　2
　　2.1　条件表現の実態調査　　2
　　2.2　条件表現の分類　　2
　　2.3　各々形式の特徴　　3
　3　本論における日本語条件表現の分類　　7
　4　ビジネス場面における言語の使用領域と本論の考察資料　　8
　5　本論の構成　　9
　　5.1　第1部　ビジネス文書における条件表現　　10
　　5.2　第2部　ビジネス会話における条件表現　　10
　　5.3　第3部　商法における条件表現　　11

第1部　ビジネス文書における条件表現

第1章　ビジネス文書における条件表現の使用状況 ——— 15

　1　はじめに　　15
　2　調査資料と条件表現の使用状況　　16
　3　仮定条件　　18
　　3.1　「ば」について　　20
　　3.2　「たら」について　　23

3.3 「と」について　*26*

　　3.4 「なら／ならば」について　*27*

4　慣用的用法　*27*

　　4.1 「幸い」「幸甚」との共起　*27*

　　4.2 「本来なら」／「本来ならば」　*30*

　　4.3 「よろしければ」／「できれば」／「差し支えなければ」　*31*

5　前置きの「と」と「ば」　*31*

6　一般条件の「ば」　*33*

7　まとめ　*34*

第2部　ビジネス会話における条件表現

第2章　経済ドラマにおける条件表現の使用状況 ───── *39*

1　はじめに　*39*

2　調査資料と条件表現の使用状況　*39*

3　仮定条件　*42*

　　3.1 仮定条件の場面別の使用状況　*42*

　　3.2 「ば」について　*43*

　　3.3 「たら」について　*47*

　　3.4 「と」について　*50*

　　3.5 「なら」について　*52*

4　慣用的用法　*54*

5　前置きの「と」と「ば」　*56*

6　一般条件の「ば」　*58*

7　事実条件の「たら」　*58*

8　まとめ　*58*

第3章　職場の自然談話録音における条件表現の使用状況
―ビジネス場面の会話を焦点に― ―――― 61

- 1　はじめに　*61*
- 2　自然談話録音における条件表現の使用状況　*61*
  - 2.1「男性のことば・職場編」について　*61*
  - 2.2 ビジネス場面における条件表現の使用状況　*62*
- 3　仮定条件　*64*
  - 3.1 仮定条件の「ば」について　*64*
  - 3.2 仮定条件の「たら」について　*67*
  - 3.3 仮定条件の「と」について　*71*
  - 3.4 仮定条件の「なら」について　*72*
- 4　一般条件　*74*
- 5　事実条件　*75*
- 6　慣用的用法　*75*
- 7　前置き　*78*
- 8　まとめ　*80*

第4章　ビジネス会話と職場の雑談における条件表現 ―――― 83

- 1　はじめに　*83*
- 2　条件表現の場面別の使用状況　*83*
- 3　仮定条件の場面別の使用状況　*85*
  - 3.1 仮定条件の「たら」の場面別の使用状況　*85*
  - 3.2 仮定条件の「ば」の場面別の使用状況　*89*
  - 3.3 仮定条件の「と」の場面別の使用状況　*92*

3.4 仮定条件の「なら」の場面別の使用状況　*94*
 4　一般条件の場面別の使用状況　*95*
 5　事実条件の場面別の使用状況　*96*
 6　慣用的用法の場面別の使用状況　*96*
 7　前置きの場面別の使用状況　*98*
 8　まとめ　*100*

第5章　ビジネス日本語会話教科書における条件表現の使用状況 ─── *103*

 1　はじめに　*103*
 2　調査資料と条件表現の使用状況　*103*
 3　仮定条件　*106*
 　　3.1「ば」の仮定条件について　*106*
 　　3.2「たら」の仮定条件について　*108*
 　　3.3「と」の仮定条件について　*111*
 　　3.4「なら」の仮定条件について　*112*
 4　慣用的用法　*114*
 　　4.1「ば」の慣用的用法について　*114*
 　　4.2「たら」の慣用的用法について　*117*
 　　4.3「と」の慣用的用法について　*119*
 5　一般条件の「と」と「ば」　*120*
 6　前置きの「と」と「ば」　*120*
 7　事実条件の「たら」　*121*
 8　まとめ　*122*

第3部　商法における条件表現

第6章　商法における条件表現
－「商法」と「会社法」を資料として－ —— 127

1　はじめに　127
2　商法の定義と構成　128
3　先行研究　129
　3.1「とき」と「場合」について　129
　3.2 法律条文における条件表現についての研究　130
4　口語化された「商法」と「会社法」における条件表現　130
　4.1　条件表現の使用状況　130
　4.2「場合」と「とき」について　132
　4.3「ば」について　142
　4.4 条件表現の併用　143
5　まとめ　147

第7章　口語体「商法」と文語体「商法」における条件表現 —— 151

1　はじめに　151
2　口語体と文語体における条件表現の使用状況　151
　2.1「場合には」と「場合ニハ」　154
　2.2「場合において」と「場合ニ於テ」　154
　2.3「場合においては」と「場合ニ於テハ」　155

2.4「場合を除き」と「場合ヲ除ク外」　*156*

　2.5「ときは」と「トキハ」　*157*

　2.6「なければ」と「ニ非サレハ」　*158*

　2.7 文語体「商法」特有の条件形式「場合ハ」　*159*

3　口語体と文語体における条件表現形式の対応関係　*159*

　3.1「場合ニハ」→「場合には」　*160*

　3.2「場合ニ於テ」→「場合において」「場合においては」　*162*

　3.3「場合ニ於テハ」→「場合において」　*163*

　3.4「場合ヲ除ク外」→「場合を除き」　*163*

　3.5「トキハ」→「ときは」「場合には」　*164*

　3.6「トキニ限リ」→「場合を除き」　*165*

　3.7「ニ非サレハ」→「なければ」「場合を除き」　*165*

4　まとめ　*166*

終章　結論と今後の課題 ―― *169*

1　ビジネス場面における言語の使用領域と考察資料　*169*

2　ビジネス場面における条件表現の用法と高頻度の表現　*169*

3　ビジネス文書における条件表現　*172*

4　ビジネス会話における条件表現　*173*

5　商法における条件表現　*176*

6　今後の課題　*177*

　参考文献　*179*

　初出一覧　*185*

　謝辞　*187*

序　章　条件表現の従来の研究と本論の立場

1　研究背景と目的

　近年、ビジネスのグローバル化に伴い、多くの日本企業では優秀な外国人人材の雇用確保・育成が急務となっている。経済産業省(2007)「外国人留学生向けの研修のあり方について」[1]では、外国人留学生が日本企業で働く上で取り組むべき課題の1つとして、「大学で習得した日本語能力に加え、ビジネス場面で使用頻度が高い日本語能力の更なる向上」が挙げられている。

　日本語の条件表現は外国人日本語学習者にとって理解や習得が困難な学習項目の1つである。その背景としては、日本語の条件表現は他の言語ではあまり見られない「と」「ば」「たら」「なら」など複雑な形式を持つ上、各形式が複数の用法を有していることが挙げられる。また、日本企業で就職しようとする日本語学習者から「文法項目として習っても、どの形式をどのような場面で使用するのかを判断できない、ビジネス場面でなかなか適切に使用できない」との声をしばしば耳にする。

　したがって、ビジネス場面ではどのような場面でどのような条件表現を使うのかを分かりやすく学習者に提示することが非常に重要であり、条件表現がどのように使用されているかについて観察するという実態調査を行う必要があると思われる。本書では、日本で就職しようとする日本語学習者を対象に、多様なビジネス言語資料における条件表現、特に「と」「ば」「たら」「なら」の4つの形式の使用傾向と機能を考察することによって、

彼らに提示すべき条件表現の用法を明らかにする。

2　先行研究と本論の観点

2.1　条件表現の実態調査

　条件表現に関する実態調査としては、国立国語研究所（1964）、伊藤(2005)、堀(2004a)、中島(1999)などが挙げられる。国立国語研究所(1964)、伊藤(2005)は、主に小説、社説など書き言葉から用例を収集している。堀(2004a)は高等教育機関における学習者の言語使用領域を反映する電話コーパス、学術論文コーパス、インタビューコーパス、口頭発表コーパスの4つのコーパス、中島(1999)はシナリオと国語教科書から用例を収集しており、話し言葉をも考察対象としている。しかし、いずれもビジネス場面に使用される条件表現を対象とするものではない。中島（2007）は職場の自然談話から用例を収集しているが、ビジネス場面に焦点を絞るものではない。そこで、本論では、ビジネス場面における言語の使用領域を明らかにし、それを反映する言語資料を調査し、考察する。

2.2 条件表現の分類

　これまで条件表現の中心的な形式「と」「ば」「たら」「なら」の4形式の用法分類は、主に前件と後件がどのような関連性を持つか、前件と後件の事実の成立関係との2つの観点からなされてきた（国立国語研究所1964、中島1999、伊藤2005、前田2009 など）。

　国立国語研究所（1964）では、条件表現の用法を、陳述的条件、前置き、客観的条件の3つに大別している。陳述的条件について、「直後に『いい』『だめだ』など、評価を表す語が続いて、全体として1つの述語に近い表現をつくるもの」と定義している。前置きとしては、「題目の提示」「発言内容についての注釈」「表現形式についての注釈」「根拠」を挙げている。そして、最も条件らしいとも言える客観的な条件は、結びつきの一般・個別の違い、既定か仮定かの違い、前

件のおこる「時」の違いという 3 つの観点から、「一般・超時」「一般・過去」「既定・超時」「既定・過去」「仮定・過去」「仮定・現在」「仮定・未来」に 7 分類されている。

前田（2009）では、「条件−非条件」の対立から分類しているが、条件形式「ば、たら、と、なら」の中心的部分は条件的用法であるとしている。そのような条件的用法をさらに「仮定的−非仮定的」に分類している。なお、周辺的部分である非条件的用法を次のように提示している。

$$\text{非条件的} \begin{cases} \text{並列・列挙} \\ \text{評価的用法} \\ \text{終助詞的用法} \\ \text{後置詞的用法} \\ \text{接続詞的用法} \end{cases}$$

本論では、これらの先行研究を参考にし、主に前件と後件がどのような関連性を持つか、前件と後件の事実の成立関係という観点から用法を分類する。すなわち、発話時にすでに成立しているかどうか、一回的な関係であるか否かに注目する。また、「そうしたら」、「それなら」、「だったら」（文頭）のような接続詞的用法、並列・列挙の用法、「なければいけない」のような当為表現を考察対象から除外した。

2.3 各々形式の特徴

条件表現の中心的な形式「と」「ば」「たら」「なら」の 4 形式の特徴の記述について、有田（1993）を参考にして簡単に整理する。

国立国語研究所（1964）では、「ば」「と」「たら」が次のように特徴づけられている。

「ば」：条件を表す（すなわち、そのうらに「〜でなければ後件は起こらな

　　　　い」ことをふくむ)
　　「と」：客観的な継起を示す
　　「たら」：個別的・その都度的な状況を示す
なお、「なら」に関しては、「るなら」「たなら」を比較して、両者の間に、「予定ないし意志を前提にする」のと、「完了を前提にする」との対立があることを認めている。
　山口（1969）では、「と」「ば」「たら」「なら」について次のように特徴づけている。
　　「ば」：恒常条件・一般条件などと呼ばれる表現に見られるような、条件の
　　　　　一般的非個別的傾向が強い。
　　「と」：単なる時間的関係から帰結に先行しているにすぎない
　　「たら」：事象そのものに即した仮定
　　「なら」：判断に即した仮定
さらに、「ば」と「と」が「なら」「たら」に比べて仮定性が弱いのは、「ば」の非個別的という性質と、「と」の「条件の軽さ」という性質によると説明している。一方、「たら」と「なら」は、個別的で仮定性が強いと特徴づけられている。「たら」については、仮定条件と確定用法があると認めた上で、現代語の「たら」の主たる用法は仮定条件を表すことであると指摘している。また、「なら」の特色について断定の助動詞「だ」との関係から考察される。「だ」は「最も純粋に判断を表す形式である」から、「なら」は、他の形式に比べて、より直接に判断そのものを仮定する形式であると説明している。
　益岡（1993）では、「ば」の中心的用法については、「前件と後件の組み合わせによって時間を超えて成り立つ一般的な因果関係を表すものである。すなわち、個別的事態が問題となるのではなく、事態間の一般的依存関係に対する認識を表すというもの」と指摘している。また、「たら」の中心的用法については、「前件で時空間の中に実現する個別的事態を表し、後件でその実現に依存して成立する別の個別的事態を導入する」と提示している。「なら」については、「前件で、

ある事態を真であると仮定し、それに基づいて後件で、表現者の判断・態度を表明する」と特徴づけており、「なら形式の文において、ば形式の文、たら形式の文に比べ、前件と後件の結びつきが弱い」と指摘している。さらに、「現実に観察される継起的な事態の表現するもの」を「と」の中心的用法としている。

中島（1999）では、書き言葉と話し言葉の実態調査において、条件表現の条件的用法を「一般条件」「事実的条件」「仮定条件」の３つに分けて考察している。考察で得られた４つの形式の中心的用法は次のようになる。

「と」　書き言葉：事実的条件　　話し言葉：一般条件

「ば」　書き言葉と話し言葉：一般条件

「たら」書き言葉と話し言葉：仮定条件、事実的条件

「なら」書き言葉と話し言葉：仮定条件

一方、日本語教育の立場から、各々の形式の特徴を分析したものに、森田（1967）と堀(2005)がある。

森田（1967）では、「話し手がどの時点で条件や結果の表現を行うか」という観点から分析されている。それによると、「と」によって示される条件結果の各表現は「現在の時点においてなされている」という特徴がある。

「ば」については、本来時間的観念を持たず、「と」に比べて具体性に乏しく、観念的想像による場合が多いことが指摘されている。なお、「ば」が「条件結果の因果関係を客観的に把握することを本姿とする」から、結果の句に話し手の主観や恣意が許されないのであると説明している。

「なら」には、「事柄が生起し実現する場合を想定または伝聞して、それが実現する以前の時点に立って、話し手自身の事前に取るべき立場・行為・意志・意見を示す（仮定）」用法と「その条件が成立している現在、その状態において話し手の取るべき立場・意見・行為などを示す（既定）」用法の２つを挙げている。

さらに、「たら」については、「ことがらが起こってしまった場合を想定して、もしくはすでに生起した状態において、主題の人間や事物に起こったことがら

や、その想定に対する話し手の立場・意見を叙述する」としている。そして、「たら」の場合は、条件が起こってしまった時と場に立って、「話し手はそこに生起する事態を眺めるという表現機構を取る」とみなし、仮定条件の後続句に話し手の立場や意見を叙述する場合と、既定条件の後続句が偶然的要素を持つ場合とを統一的に説明しようとしている。

　堀 (2005) ではプロトタイプの観点から分析され、その分析結果、4つの形式のプロトタイプが次のように分類されている。

　　「ば」：論理的な内容：「仮定」、日常の話し言葉：「条件」

　　「と」：「必然」

　　「たら」：「完了」および「過去」

　　「なら」：「仮定」

「仮定」と「条件」の意味については、それぞれ「前件の仮定の上に、後件の結果になる」「前件は望ましい結果を得るための必要条件」と提示している。「必然」の意味については、「既成の条件の基に、必ず後件の結果を得る」と述べている。なお、「過去一回性・習慣的な事実」を「過去」としている。さらに、「時間経過後必ず成立する前件の後で、後件が成立」という用法を「完了」としている。この用法については、高橋 (1994) では、「予定的条件」と定義し、「条件というより、時間を表す」と指摘している。

　「ば」の弁別的な特徴と中心的用法について、先行研究は主に「一般的因果関係」と「条件」との2つの見解に分かれている。「と」について、「前件の条件の基に、必ず後件の結果を得ることを示す」「継起的な事態を表す」という見解である。「なら」については、先行研究の指摘がほぼ同様であり、「仮定」が中心的な用法である。一方、「たら」については、先行研究はそれぞれ独自の考えが展開されているが、集約すると、「たら」の特徴は、個別的で仮定性が強く、事象そのものに即した仮定を表し、「事実条件」と「時間経過後必ず成立する前件の後で、後件が成立する」用法を表す場合があることである。

3 本論における日本語条件表現の分類

　本論では、先行研究を参考にして、条件表現の用法を前・後件の関連性と事実の成立関係から次のように分類した。
①慣用的用法：
　従属節単独で用いるもの、または「できれば」「よければ」のような連語的構成となっているもの。なお、国語研究所（1964）で陳述的条件、前田（2009）で評価的用法として提示する直後に「いい」「だめだ」など、評価を表す語が続いたものをも「慣用的用法」とする。
　（1）だから必要なことを、こうパッパッといってもらえば。(『男性のことば・職場編』)
　（2）あー、はい、でもあのー、もちろん必要書類ですとかー{うん　(15 B)}その時にどうゆう形をとればいいか、あのー。(『男性のことば・職場編』)
　（3）ですから、取り替えはもー、まーできれば今年度中に、ガスメータの取り替えだけはやってしまいたいってゆうことです。(『男性のことば・職場編』)

②前置き：
　話題を示すもの、発言内容と表現形式についての注釈、根拠などを示すものは、国立国語研究所（1964）を参考に、「前置き」とする。さらに、堀（2004a）が提示している後件の内容を予告するものをも「前置き」と認める。
　（4）本人から見れば、高い（『男性のことば・職場編』)
　（5）で、1233ってのは、どうゆう数字かというとー、(『男性のことば・職場編』)

③仮定条件：
　前・後件の関係が発話時にまだ成立していないもの。前件は未実現の場合と、

すでに実現している場合があるが、後件はいつも未実現のことがらである。また、前件と後件が反事実的な内容を表す場合がある。

(6) でもまあ、これはー、この生保に入れば問題はない。(『男性のことば・職場編』)

④一般条件：

前件が成立すると、必ず後件が成立するもの。反復習慣とも呼ばれるが、本論では、益岡（1993）の「一般的因果関係」の定義を参考に、「一般条件」とする。

(7) けど、オールフィールズっていうボタンを押すとー、ほかの、すべてのフィールドが、出てきますから。(『男性のことば・職場編』)

⑤事実条件：

前・後件の関係は過去の1回性の関係であり、前件も後件も事実であるもの。既定条件とも呼ばれるが、本論では、前件も後件も事実である点に着目し、中島（1999）を参考に「事実条件」とする。

(8) プラントはプラントだろうし、吊ってみたら、あれも悪い、これも悪い、こっちにいわせりゃ、あーじゃない、こーじゃない、調整取りきれなくなってしまった。(『男性のことば・職場編』)

4　ビジネス場面における言語の使用領域と本論の考察資料

ビジネス場面において、言語を使用する領域はビジネス活動に伴う口頭コミュニケーションと書記コミュニケーションであると言える。また、「日本企業における外国人留学生の就業促進に関する調査研究」（2007）[2]では、「外国人留学生に対する要望としては、相手の関係・場面・目的に応じて適切に使い分けるコミュニケーション（社内、社外）（上司・同僚）、電話対応、メール、日本語でのビジネス文書読解の能力および作成能力の向上を求める企業が多い」と指摘して

表1：ビジネス場面における言語使用領域

口頭コミュニケーション（話す・聞く）	①会議、打合せ、電話応対、プレゼンテーション、来客応対といった場面におけるビジネス会話
書記コミュニケーション（読む・書く）	②ビジネス文書の読解と作成
	③商法の読解

いる。本論では、ビジネス場面における言語の使用領域の設定を考える際に、「日本企業における外国人留学生の就業促進に関する調査研究」(2007) を参考にして、表1にあるように、領域①ビジネス会話と、領域②ビジネス文書の読解と作成に設定した。なお、日本企業や日本企業と取引する企業で仕事をする時に、企業に関する法である商法の規定を確認する場面があると想定し、領域③商法の読解を加えた。

口頭コミュニケーションは主に会議、打ち合わせなどのビジネス場面での会話である。それを反映する言語資料として、本論では経済ドラマ、ビジネス場面の自然談話録音資料、ビジネス会話教科書を取り上げる。

書記コミュニケーションのうち、ビジネス文書の読解と作成はビジネス文書文例集を取り上げる。商法については、中心となる「商法」と「会社法」の2つの法律を取り上げる。

5　本論の構成

本論は次の3つの部分で構成されている。
　第1部　ビジネス文書における条件表現
　第2部　ビジネス会話における条件表現
　第3部　商法における条件表現

5.1 第1部　ビジネス文書における条件表現

　第1部は第1章「ビジネス文書における条件表現の使用状況」で構成されている。市販されている15冊のビジネス文書文例集から、「と」「ば」「たら」「なら」の4形式の用例を採り、後件の文末表現に焦点を当てて考察を行って、ビジネス文書における条件表現の様相を明らかにする。

5.2 第2部　ビジネス会話における条件表現

　第2部では、ビジネス会話における条件表現の使用傾向と用法の特徴を明らかにするために、経済ドラマ、ビジネス場面の自然談話録音資料、ビジネス会話教科書を調査対象とし、「と」「ば」「たら」「なら」の用例を採り、考察を行う。第2部は、第2章、第3章、第4章、第5章で構成されている。

　第2章では、各テレビ放送局で放送された経済ドラマを調査資料とし、ビジネス場面の会話を文字化して、条件表現の「と」「ば」「たら」「なら」の4形式の用例を収集した。ビジネス会話が行われる場面を、社内と社外の2つに設定し、社内の場面をさらに「上→下」(目上→目下)、「下→上」(目下→目上)、同僚(同僚の間の談話)、会議(会議の発話)の4つの場面に分類した。条件表現はどのような場面でどの用法で使用されているかについて考察する。

　第3章では、職場の自然談話録音資料『男性のことば・職場編』を調査して、条件表現の「と」「ば」「たら」「なら」の4形式を取り上げ、ビジネス場面で使用されている用例を採った。前件の示すことがらと後件の文末表現に焦点を当てて、各形式の使用状況と用法の傾向について考察する。

　第4章では、職場の自然談話録音資料『男性のことば・職場編』において使用される条件表現の「と」「ば」「たら」「なら」の4形式を抽出し、使用場面をビジネス会話場面と雑談場面に設定し、2場面に使用される条件表現の傾向と用法の特徴の比較考察を通して、ビジネス会話における条件表現の特徴をより明らかにする。

　第5章では、現在日本で市販されているビジネス日本語教科書を調査資料と

して、会話場面に現れる条件表現の「と」「ば」「たら」「なら」の４形式を取り上げ、各形式の使用状況と用法の傾向を考察する。また、第３章で考察した自然談話録音資料の条件表現の使用状況と比較し、教科書と自然の談話と条件表現の用法が異なるかどうかについて検討する。

5.3 第３部　商法における条件表現

　第３部は第６章「商法における条件表現　−「商法」と「会社法」を資料として−」と第７章「口語体「商法」と文語体「商法」における条件表現」で構成されている。

　第６章では、商法における条件表現の使用状況を解明するために、商法の中心となる「商法」と「会社法」の２つの法律の条文を調査して、「商法」の口語化された条文と「会社法」の条件表現の使用状況と用法の傾向を探る。

　第７章では、現在の「商法」(最終改正：平成二六年六月二七日法律第九一号)の条文を調査対象とし、口語体と文語体の条件表現形式を比較しながら考察する。また、制定当初の「商法」(明治32年「商法」)を調査して、これを口語体「商法」と参照しながら、文語体の条件形式がどのような口語体の条件形式に訳されているのかを中心に考察して、口語体と文語体の条件表現形式の対応関係を明らかにする。

　最後に、終章において、本論で行った分析についてまとめ、今後の課題を述べる。

注
(1) 経済産業省(2007)「外国人留学生向けの研修のあり方にいて」 http://www.meti.go.jp/committee/materials/downloadfiles/g70410b01j.pdf
(2) 海外技術者研修協会（2007）「日本企業における外国人留学生の就業促進に関する調査研究」 http://www.hidajapan.or.jp/jp/project/nihongo/asia/r_info/pdf/press070514_2.pdf

第 1 部

ビジネス文書における条件表現

第1章　ビジネス文書における条件表現の使用状況

1　はじめに

　留学生が日本企業で活躍するには「ビジネスレベルの日本語能力」が求められる。ビジネスに必要な日本語能力について、海外技術者研修協会（2007）は「待遇表現、非対面コミュニケーション能力（電話、メール）、ビジネス文書作成・読解」と指摘している。この中でビジネス文書は商取引の架け橋として重要な役割を果たしている。しかし、諸星（2012a）によると、日本語ビジネス文書の研究はほとんど未開拓である。

　ビジネス文書には後で述べるように条件表現が多く使用されている。日本語の条件表現は「と」「ば」「たら」「なら」など複雑な形式を有しているため、日本語学習者にとって理解や習得が困難である。ビジネス文書の理解・運用のためにはビジネス文書の条件表現の様相を明らかにすることが必要と考えられる。書き言葉における「と」「ば」「たら」「なら」の使用実態についての調査としては国立国語研究所（1964）や中島（1999）などが挙げられる。しかしながら、ビジネス文書における条件表現の使用実態の調査は管見の限りでは見当たらない。そこで、ビジネス文書における条件表現の用法を解明するために、「と」「ば」「たら」「なら」4つの形式を取り上げ、現代日本で市販されているビジネス文書の文例集を対象として調査し、各形式の使用実態を探るとともに、用法の傾向を考察していきたい。

2 調査資料と条件表現の使用状況

調査したビジネス文書の文例集は、現在市販されているもので、表1に示す15件である。

表1　調査したビジネス文例集一覧

①	ＨＲＳ総合研究所『そのまま使える「社外・社内文書」モデル文例161』（1998年発行、大和出版、全191頁）
②	日本実業出版社『会社文書・文例全書』（2002年発行、日本実業出版社、494頁）
③	日本語文書研究会『すぐ役立つビジネス・商取引文例集』（2002年発行、法研、全271頁）
④	田辺麻紀・長峰洋子『そのまま使えるビジネス文書458文例ＩＮＣＤ-ＲＯＭ』（2003年5月発行、2008年11月8刷、こう書房、全343頁）
⑤	志田唯史(編集作成会社)『最新決定版！ＣＤ－ＲＯＭ付きビジネス文書基本文例230』(2003年7月発行、オーエス出版、全310頁）
⑥	ビジネス文書マナー研究会『すぐに使えるビジネス文書実例集』（2006年発行、ナツメ社、全319頁）
⑦	倉澤 紀久子『「できる」と言わせるビジネス文書』（2006年発行、小学館、全191頁）
⑧	平田毅彦『ビジネス文書　書式・文例集374』（2007年1月発行、成美堂出版、全319頁）
⑨	岡田哲・諸星美智直監修、横須賀てるひさ・藤井里美『そのまま使える［ダウンロード特典付き］ビジネス文例集』（2008年6月、かんき出版、全287頁）
⑩	下条一郎監修『史上最強のビジネス文書の書き方＆マナー』（2008年12月7出版、2010年7月7刷、ナツメ社、全319頁）
⑪	鈴木あつこ『すぐに使えて応用がきくビジネス文書文例事典』（2010年初版発行、新星出版社、全367頁）
⑫	日本語文書研究会『最新版すぐ役立つ文書・書式大事典』（2011年発行、法研、全368頁）
⑬	國分浩太郎監修『ＮＧ・ＯＫのポイントがわかる　ビジネス文書の書き方＆マナー』（2011年発行、日本文芸社、全319頁）
⑭	日本語文書研究会『ビジネス文書の書き方 文例500』（2012年発行、主婦と生活社、全319頁）
⑮	東條 文千代『キチンとわかる！ネット時代のビジネス文書とメールの書き方・送り方』2013発行、ＴＡＣ出版、全240頁）

ビジネス文書文例集における条件表現の使用状況は、以下の表2にあるように、総例数826例中、「ば」が455例と圧倒的に多く、「たら」が222例と多用され、「と」が107例、「なら」が42例と少ない。これは、国立国語研究所(1964)および中島（1999）の書き言葉の実態調査の「と」が圧倒的に多いという結果とは異なる様相を呈している。

　また、文例集ごとの出現実態を見てみると、文例集④の総用例数が最も多いが、「なら」の用例が1例も見られない。それに対して、文例集⑧の総用例数が比較的に少ないが、「なら」の用例が15冊中最多である。そこから、編集者の文法の個別性による使用頻度の差があることが推測できる。

表2　文例集における4形式の出現数

文例集 \ 形式	と	ば	たら	なら/ならば	計
① HRS総合研究所 (1998)	2	4	7	1	14
② 日本実業出版社 (2002)	12	25	12	1	50
③ 日本語文書研究会 (2002)	6	33	11		50
④ 田辺・長峰（2003）	9	78	13		100
⑤ 志田 (2003)	6	54	7	1	68
⑥ ビジネス文書マナー研究会（2006）	3	50	11	4	68
⑦ 倉澤 (2006)	5	8	10	1	24
⑧ 平田 (2007)	3	23	11	9	46
⑨ 岡田・諸星 (2008)	10	22	19	1	52
⑩ 下条 (2008)	4	29	20	5	58
⑪ 鈴木 (2010)	20	32	36	4	92
⑫ 日本語文書研究会 (2011)	7	46	12	7	72
⑬ 國分 (2011)	6	16	22	2	46
⑭ 日本語文書研究会 (2012)	12	20	17	6	55
⑮ 東條 (2013)	2	15	14		31
計	107	455	222	42	826

表3 条件表現の用法別の用例数

用法 \ 形式	と	ば	たら	なら/ならば	計
仮定条件	48	149	179	15	391
一般条件		4			4
前置き	33	17			50
慣用的用法	26	285	43	27	381
計	107	455	222	42	826

　次に、ビジネス文書における条件表現の4形式を仮定条件、事実条件、一般条件、前置き、慣用的用法に5分類したが、事実条件は1例も見当たらない。表3にあるように、「ば」の用例では、慣用的用法（285例）、仮定条件(149例)、前置き(17例)、一般条件（4例）の4つの用法が見られるが、一般条件と前置きは少なかった。「と」の用例では、仮定条件(48例)、前置き(33例)、慣用的用法（26例）の3つの用法が見られる。「たら」は仮定条件（179例）と慣用的用法（43例）の2つの用法があるが、主に仮定条件として使用されている。「なら」は慣用的用法（27例）と仮定条件（15例）の2つの用法で使用されている。
　そこで、「と」「ば」「たら」「なら」の4形式の各用法について考察を行っていきたい。

3　仮定条件

　「と」「ば」「たら」「なら」4形式の仮定条件の用法については、各形式と共起する文末表現を中心に分析を行う。原沢（2014）の「ムードの表現」と庵他（2000）の「話し手の気持ちを表す表現」を参考にして、文末表現を次のように設定した。

表4　文末表現の定義と分類

断定	言い切り (ただし、「おそらく」「たぶん」などの副詞と共起する場合、「判断」とする。)
判断	①だろう、書き言葉のしよう ②かもしれない、可能性がある、おそれがある、かねないことがある、てもいい、不思議でもない ③にちがいない、に決まっている、はずだ ④ようだ、みたい、らしい ⑤と思う、ように思われる、と考えられる、と言える　のではないか、のではないだろうか
意志	意向形「〜よう」、ル形「する・しない」、つもりだ、ことにする
希望	たい、ほしい
命令	なさい、命令形（しろ）／〜な
依頼	てください、〜てくださいませんか、〜てくれ、〜て
勧誘	〜ましょう、〜ましょうか、〜ませんか、〜（よ）う、〜（よ）うか、〜ないか
義務必要	なければいけない、なければならない、べきだ、ものだ、ことだ、ざるをえない、ないわけいかない、必要がない
勧め・忠告	ほうがいい、ほうがまし、といい、ばいい、たらいい
許可・許容	てもいい、なくてもいい、ことはない、までもない
禁止	てはいけません、ものではない、べきではない、べからず
疑問	か、の、かい

3.1 「ば」について

以下の表 5 にあるように、「ば」の文末表現には、断定、判断、依頼、意志が多く現れ、希望が少しずつ見られる。疑問も出ているが、数は非常に少ない。

「ば」の条件文の弁別的特徴は「一般的な因果関係の表現」とされている（益岡 1993）。4 形式のうち、「ば」の論理性が最も高いと言える。また、「『ば』が

表 5 「ば」の後件の文末表現

	断定	判断	依頼	意志	希望	疑問	計
① HRS 総合研究所（1998）		1					1
② 日本実業出版社（2002）	1	2	3	11			17
③ 日本語文書研究会（2002）	5	5	3	1	3		17
④ 田辺・長峰（2003）	12	9	1	6	2		30
⑤ 志田（2003）	2	6	9		1		18
⑥ ビジネス文書マナー研究会（2006）	4	5	2	2			13
⑦ 倉澤（2006）	1		1				2
⑧ 平田（2007）	1		1			1	3
⑨ 岡田・諸星（2008）	2	5	1		1		9
⑩ 下条（2008）	2	3	3	1			9
⑪ 鈴木（2010）	5	1	2	2	1		11
⑫ 日本語文書研究会（2011）	3	4	5				12
⑬ 國分（2011）				2			2
⑭ 日本語文書研究会（2012）	1	1					2
⑮ 東條（2013）	1	1	1				3
計	40	43	32	25	8	1	149

条件結果の因果関係を客観的に把握することを本姿とする（森田1967）」ため、ビジネス文書の「用件や情報を客観的、正確的に伝える」という原則に合致している。したがって、ビジネス文書では、判断と断定のような真偽の判断を含意するような文脈に「ば」が最も多用されている。

後件に断定がくる用例では、ほぼ

(1) 現在の在庫状況には比較的余裕がございます。1ケース6個入りのものが50ケースまでであれば、即日の発送が可能でございます。(⑪ p 306　社外　回答状)

(2) 貴社のご事情は了解いたしましたが、当社としてもお客様から毎日矢の催促を受けています。これ以上納品が遅れれば、各店でご予約のお客様からキャンセルが出る事態ともなります。(① p 208　社外　断り状)

(3) 万一にも遅延ということになれば、当社の信用は失墜し、多大な損害を被ることになります。(④ p 209　社外　断り状)

のような文書の受け取り側に対する「前件の事態が成立すると、後件の結果が生じる」という情報や推測の伝達である。また、例(2)(3)のように、後件は望ましくないことがらを表すことが多い。文書の受け取り側に懸念を表明するときに使用されている。

後件に判断の表現がくる用例では、

(4) そこで、貴社と当センターが力を合わせてイベント推進に努めれば、必ずや画期的なイベントになることを確信しております。(⑫ p 111　社外　勧誘する)

(5) 以上の改善策を行えれば、売り上げ当初予測のラインまで乗せることができるものと判断する。(⑩ p 252　社内　企画書)

のように文書の受け取り側に対して連携の勧誘を行うとき、または企画書などを提出するときに使われている用例が多く見られる。前件は相手に対する共同事業などへの勧誘と提案であり、後件は提案が達成した後への展望である。「ば」の論理性の強さは、この形式が、「裏の意味」を持つという点によく現れている(益

岡1993)。ビジネス文書においては、仮定条件の「ば」は主に個別事態の関係を表すが、前件が成立しなければ後件も成立しないという裏の意味を喚起しやすいので、例(4)(5)のように相手に勧誘・提案をする場合、実行の必要性を暗示するときによく使われている。前件のことがらは後件を成立させる必要条件であると読み取れよう。

　さらに、断定の表現がくる場合、後件によい結果と悪い結果の両方とも見られるのに対して、判断の場合、後件が望ましくない内容を表す用例は見当たらない。

　次に後件に依頼の表現がくる用例を見ると、前件には「よいアドバスがあれば」など相手の状況を想定する表現が使用されることが多い。

(6) つきましては、何かよいアドバスがあれば、ぜひご教示くださいますようお願いいたします。(⑤p 266　社交　挨拶状)

(7) 貴工場にて新規購入の予定があれば、下記要領にてご連絡くださいますようお願いいたします。(⑤p 120　社外　照会状)

　さらに、「ば」の条件文の文末制限を検討していく。「と」「ば」「たら」「なら」の4つの形式の文末制限に関しては、「たら」と「なら」の文末制限が弱く、さまざまな文末表現を取ることができる。それに対して、「と」は最も文末制限が強い。「ば」は前件の述語が状態性の場合、文末が制限されていないが、述語が動作性の場合、文末表現は現象の描写、真偽を判断するものに限られるということが多く述べられてきた(宮島(1964)、益岡(1993)など)。

　しかしながら、前件の述語が動作性であるのにもかかわらず、場合によって、「ば」の文末に意志、希望、許可、依頼などの表現が許容されると提示している研究も見られる。たとえば、グループジャマシイ(1998)では時間の推移とともにおのずから成立するという解釈ではなく、成立するかしないか分からないが、仮に成立する場合、という解釈であれば、前件の述語が動作であっても、「ば」の使用が可能となるとしている。また、ソルヴァン・前田(2005)では「『ば』の使用の判定は交換条件の解釈が許容されるかどうかに関わる」と提示してい

る。「ば」の文末制限に関しては、各研究の記述は一様ではない。

　ビジネス文書においてはどうであろうか。前件の述語が動作性の用例では、断定、判断の表現を取る用例が多く見られるのに対して、依頼、希望の表現が1例も見当たらない。文末に依頼、希望の表現がくる用例を見ると、前件がすべて「ということであれば」などの状態性述語を持っている。

(8) もし指定色が品切れ<u>ということであれば</u>、代替品にはまた改めてほかの色をご指定<u>したいと思います</u>。（④p 153　社外　照会）

　一方、前件に「くだされば」「いただければ」のような動作性述語を取っていて、後件の文末に意志の表現がくる用例が6例見られるが、いずれも次のような「交換条件」の解釈が許されるものである。

(9) 本日現在、いずれのタイプも在庫は豊富にございますので、ご返事<u>いただければ</u>即日発送いたします。（⑬p 124　社外　照会状）

　ソルヴァン・前田（2005）で「交換条件とは相手の要求を受け入れる代わりに相手に出される要求であるが、聞き手の望むものを与えることが後件に現れると、条件文が交換条件として機能している。」と指摘しているように、例(9)は「商品のご注文があればご返事ください」と解釈できよう。

3.2「たら」について

　表6（次ページ）にあるように、「たら」の後件には、依頼表現がくる用例が圧倒的多数で、158例である。判断、意志、希望が僅かである。「ば」の条件文に多用される判断の表現は「たら」の用例では少なく、「断定」に至っては皆無である。「たら」の後件には立場や意見を表す表現より、依頼という働きかけ表現を取る傾向があると指摘できる。ビジネス文書では、「たら」の条件文は主に文書の受取側に依頼するときに用いられる。それは森田(1967)の「『たら』の条件文は、条件が起こってしまった時と場に立って、話し手はそこに生起する事態を眺めるという表現機構を取る」という指摘とは異なっている。

　一方、「たら」形式の特徴について、益岡（1993）は「個別的事態間の依存

関係を表す」と指摘している。依頼や勧誘は特定の個別的事態において相手に動作を促す表現である（奈良 2012）ため、後件に依頼表現を取る用例では「たら」が最も多用されるものと考えられる。

　まず、後件に依頼表現を取る用例を以下に示しておく。

（10）万一相違がございましたら、恐れ入りますが弊社営業部まで至急ご一

表6「たら」の後件の文末表現

	依頼	判断	意志	希望	計
①HRS総合研究所（1998）	7				7
②日本実業出版社（2002）	9	2			11
③日本語文書研究会（2002）	6	3			9
④田辺・長峰（2003）	7				7
⑤志田（2003）	6				6
⑥ビジネス文書マナー研究会（2006）	9			1	10
⑦倉澤（2006）	6				6
⑧平田（2007）	11				11
⑨岡田・諸星（2008）	15				15
⑩下条（2008）	15			1	16
⑪鈴木（2010）	21		4	1	25
⑫日本語文書研究会（2011）	10				10
⑬國分（2011）	13		2	1	16
⑭日本語文書研究会（2012）	12	2	1	1	16
⑮東條（2013）	11	1		2	14
計	158	8	7	6	179

報いただけますようお願い申し上げます。(⑩ p 126　社外　確認状)

(11) なお、着荷しましたら、お手数ですが同封の物品受領書にご署名の上、ご返送くださるようお願いいたします。(⑫ p 82　社外　通知する)

(12) さて、5月分製品代金につき、ご送金いたしました。何とぞご査収のほどお願い申し上げます。なお、ご入帳になりましたら、お手数ながらご連絡賜りたく存じます。(⑭ p 83　社外　通知する)

　依頼の前件に「ございましたら」という形式を取る用例が最多である。また、前件の述語が状態性である場合、「ば」の用法と同様であり、「そのような状況であれば」という意味を表す。しかしながら、「ば」のときと異なるのは、前件に状態性述語だけでなく、例（11）（12）のような動作性述語を取る用例も現れている点である。しかも、仮定の状況というより時間の経過を表す用例が多く見られる。そういうような用法について、高橋（1994）は「予定的条件」と定義している。たとえば、例（12）は「入帳すること」が見込まれているため、「ご入帳になった後、ご連絡ください」と読み取れるのであろう。仮定の事態だけでなく、発生が確実であることをも表すことができることと文末の制限の弱さは、「たら」が「ば」より後件の文末に依頼表現が現れやすい原因であると考えられる。

　また、希望と意志の表現は依頼表現と同様であり、前件が状態性述語である場合だけでなく、動作性述語の場合にも使用される。「たら」は前件の述語のタイプに制限がなく、主節の文末制限が弱いことが確認された。

(13) 急なことで、勝手を申して恐縮ですが、5月31日までにということで、納期が確定に至りましたら、当社としてもできるかぎり敏速な手配の態勢を整えたいと存じます。(⑥ p 88　社外　交渉状)

(14) もちろんご紹介を賜りましたら、貴台にご迷惑をおかけしないことをお約束いたします。(⑪ p 212　社外　依頼状)

3.3「と」について

　「と」の弁別的特徴について、先行研究では、「一般条件」「継起的な事態を表す」という見解が多い（益岡1993、中島1999など）。しかしながら、ビジネス文書では、「と」が主に仮定条件の用法として用いられている。また、益岡（1997）の「『と』は未然の仮定的事態を表す場合でさえ、現実の状況と深いかかわりがある」という指摘のように、「と」の仮定条件は、前文脈で現実に観察された既然の事態を描くのが特徴的である。そして前件に例（15）「このような支払遅延が続きますと」、例（16）「このままですと」のような既然の事態に基づいた仮定の表現が多く見られる。

(15) 製作代金につきましては、何度もお支払いをお願いしておりますので、このような支払遅延が続きますと、貴社の信用問題にもなりかねません。(⑨ p 85　社外　督促状)

(16) 現状では弊社社員が分担することで、かろうじて業務を遂行しておりますが、徐々に遅れが生じている次第です。このままですと、取引先のお客様にご迷惑をおかけする事態にも発展しかねません。(⑬ p 136　社外　督促する)

　さらに、「と」の後件の文末表現は断定と判断の表現に限られている。そして、後件で断定、判断した結果は「ば」のときと異なり、主に望ましくない内容を表している。

(17) 幸いこれまで製品の異常は認められず、正常に作動しておりますが、万一故障が生じますと業務に多大な影響を及ぼします。(⑬ p 116　社外　抗議・反駁する)

(18) ご注文取消しとなりますと、当社からメーカへの違約問題も発生し、当社は信用上多大な損害を被ることとなります。(③ p 132　社外　抗議状)

　ビジネス文書では、「と」の条件文は主として文書の受取側に「ある事態が起きるかまたは今の状況を続けると、望ましくない結果が生じる」という予測で懸念を示したり、警告したりする場合に使用されると言えよう。

3.4 「なら/ならば」について

　「なら」の中心的用法について、益岡（1993）は「前件で、ある事態が真であることを仮定し、それに基づいて後件で、表現者の判断、態度を表明する」と提示している。なお、「『なら』は『ば』『たら』より前件と後件の間の結びつきが弱い」と指摘している。「なら」は主観的判断に偏る傾向があると言えよう。これはビジネス文書の「用件や情報を客観的、正確的に伝える」という原則にもとるので、「なら」は用いられにくいものと推測される。

　また、「なら/ならば」の文末表現について考察すると、15 例のうち、意志 6 例、依頼 6 例、判断 2 例、希望 1 例、とあるように、文末に意志と依頼の表現が多用されている。前件の述語のタイプに制限がなく、文末制限が弱いことが確認された。

　仮定条件の「なら/ならば」は主として以下の例のように、前件である状況を想定し、後件で自分の意向または相手に対する依頼を示すという用法で使用されている。

（19）ご理解いただけるなら、上司の神崎課長宛に依頼書を正式にお出します。
　　（⑤p 109　社内　依頼）

（20）つきましては、当社取引条件は下記の通りでございますので、十分ご検討のうえ、ご応諾いただけますならば、ただちに取引契約の締結をさせていただきたくご連絡申し上げます。（⑧p 104　社外　承諾状）

（21）ご援助いただけますなら、さっそく参上したいと存じております。（⑫　p 291　社外　依頼状）

4　慣用的用法

4.1「幸い」「幸甚」との共起

4.1.1「ば」と「幸い」「幸甚」との共起

　今回の資料においては、条件表現「ば」と「幸い」「幸甚」との共起の傾向が

顕著である。「〜ば幸いです／でございます」「〜ば幸甚です／幸甚でございます」「〜ば幸いに存じます」「〜ば幸甚に存じます」の4つの形式の用例は「ば」の用例総数455例のうち221例で、半分近くを占めている。以下、表7で共起する形式別に分類する。

その用法としては、

(22) 本日は暑中うかがいのしるしに、別便にて素麺を本丸デパートより送らせていただきました。お口に合えば幸いでございます。(⑫ p 283 社交贈答状)

のように文書の受取側に対して贈り物をする場合に使用し、相手が喜んでくれることを期待する気持ちを表現する。また、

(23) 調査用紙を同封いたしましたので、ご記入の上、10月末までにご返送くだされば幸甚に存じます。(⑧ p 47 社外 照会状)

のように文書の受取側に何かを依頼するときに使用し、相手が実行してくれたらとても嬉しいという意味を表現する。このような実現を待ち望む気持ちを迂回的に表す表現は相手への心理的負担を軽減し、直接の依頼より相手の心理的な抵抗を和らげると言える。ビジネス文書で「〜ば幸い／幸甚〜」という形式

表7「ば」と「幸い」「幸甚」と共起する形式ごとの出現数

形式	用例数
〜ば幸いです／でございます	109
〜ば幸甚です／でございます	29
〜ば幸いに存じます	38
〜ば幸甚に存じます	45
計	221

が多用される原因はここにあるのではないかと推測される。

　因みに、以上と同じ用法で用いられる「〜ばと存じます」(25 例)、「〜ばと考えております」(21 例) 計 46 例が見られる。「ば」の後ろに「幸い」や「幸甚」などの嬉しい気持ちを表すことばを省略した言いさしの形で願望を表すものである。

4.1.2 「と」「たら」「なら」と「幸い」「幸甚」との共起

　今回調査したビジネス文書文例集では、「と」「たら」「なら」の用例にも「幸い」「幸甚」と共起する用例が見られる。

　そこで、現代日本語における「と」「なら」「たら」と「幸い」「幸甚」と共起する形式の出現実態を解明するために、「現代日本語書き言葉均衡コーパス少納言」を用いた。すべてのジャンル / メディアにチェックし、全期に設定し、検索文字列それぞれ「と幸い」「たら幸い」「なら幸い」「と幸甚」「たら幸甚」「なら幸甚」で検索した。「と幸い」「たら幸い」の用例は両方とも 100 例前後であり、「なら幸い」の用例は 2 例しかなかった。また、「と」「たら」「なら」と「幸甚」と共起する用例は一例も現れなかった。しかも、現れた用例はほぼ「Yahoo! 知恵袋」と「Yahoo! ブログ」の用例である。「Yahoo! 知恵袋」と「Yahoo! ブログ」はそれぞれ 2005 年、2008 年に少納言に入れられたため、「と」「たら」「なら」と「幸い」「幸甚」と共起する形式は新しく現れたのであろうと推測される。

　一方、ビジネス文書ではこの新しい形式の使用実態はどうなっているのであろうか。各形式の用例数を表 8（次ページ）に示す。

　「と」と「たら」の両方とも 26 例であるのに対して、「なら」の用例数は 1 例と非常に少ない。しかも、3 形式が「幸甚」と共起する用例もあわせて 6 例しか見られない。さらに、文例集ごとの内訳では、文例集⑪の用例数が 19 例と圧倒的に多く、他の資料は 7 例以下で 0 例のものもあったという状況である。そのうち、0 例の資料は 5 件あり、すべて 2008 年以前に発行されたものである。

　(24) つきましては、別紙請求書の代金を 5 月 30 日までに下記の当社銀行口

表8「と」「たら」「なら」と「幸い」「幸甚」との共起する形式ごとの用例数

形式	～幸いです/でございます	～幸甚です/でございます	～幸いに存じます	～幸甚に存じます	計
と	19	2	5		26
たら	16	1	6	3	26
なら			1		1
計	35	3	12	3	53

座にお振り込みくださいますと幸甚でございます。(⑫p 92　社外　依頼する)

(25) これまで神奈川臨海地区の皆様にはご面倒をおかけしておりましたが、これによりすこしでも解消させていただけましたら幸いです。(⑩p 184　社交　あいさつ)

(26) たびたびのご連絡で催促がましくはありますが、なにとぞ折り返しご決済賜りたく、改めて別紙請求書を同封いたしました。よろしくお取り測らいいただけますならば幸いに存じます。(⑩p 146　社外　督促状)

以上の用例から、「と」「たら」「なら」と「幸い」「幸甚」と共起する条件文の用法は「ば」の時と同様であり、文書の受取側に依頼するときに使用されることが指摘できる。

4.2「本来なら」/「本来ならば」

今回の調査では、「本来なら」「本来ならば」2つの形式があわせて26例であり、「なら／ならば」の総用例の過半数を占めている。ビジネス文書では、「本来」との共起は「なら／ならば」の典型的な用法であると言えよう。例文を以下に

示す。
   (27) 本来なら、事情説明におうかがいいたさなければならないところ、取り急ぎ書中をもちましてお詫びかたがたご回答申し上げます。(⑩ p 104　社外　回答)
   (28) 本来ならば直接うかがいすべきところですが、残務処理が山積しております故、書面にてお願い申し上げます。大変申し訳ございませんが、よろしくお願いいたします。(⑫ p 290　社交　依頼状)

　以上の用例から、「本来なら」「本来ならば」は依頼や挨拶は本来、相手先に出向いて行うものであるため、文書は略式ですがお許しくださいと詫びを申し上げるときに用いられることが考えられる。
　また、「ば」と「たら」の条件文でも「本来であれば」と「本来でしたら」という形式で以上と同じ用法で使われている用例がそれぞれ9例と7例見られた。

4.3「よろしければ」／「できれば」／「差し支えなければ」

　ビジネス文書文例集では、前件が連語的な構成となっているものも見られる。「よろしければ」(4例)、差し支えなければ (3例)、できれば (2例) の3つの形式は主に、例 (29) のように、取引先に依頼をするとき、または例 (30) のように申し出るときに使用されている。
   (29) できれば前回分の納期で一括納入していただきたくお願い申し上げます。(③ p 116　社外　依頼状)
   (30) よろしければ、遅くとも1週間以内に、ご希望の金額をご用意させていただきます。(⑨ p 73　社外　承諾する)

5　前置きの「と」と「ば」

　「と」と「ば」の用例では前置きの用法が見られる。「と」の総用例数が「ば」の四分の一にも至っていないが、前置きの用例数は「ば」より多い。そこで、「と」

と「ば」の前置きの形式と数を表9と表10に示す。

「と」は「よる」に後続したものが圧倒的に多く、次に述べる情報の出処を示すときに使用されている。「ば」の用例でも、「よれば／よりますれば」が4例

表9 「と」の前置きの形式と数

形式	数
よりますと／よると	20
見ると／拝見すると	5
申し上げますと	4
比較すると	1
踏まえると	1
考えると	1
から判断すると	1
計	33

表10 「ば」の前置きの形式と数

形式	数
承りますれば	8
よれば／よりますれば	4
申せば／申し上げれば	3
考えれば	2
計	17

見られる。

 (31) なお、取引先商社の支店開設はいつになるか、今のところ断定はできかねますが、関係筋の情報に<u>よりますと</u>、明春には竣工の予定と伺っております。(⑭p 91　社外　申込状)

「ば」の前置きの用例では、「承りますれば」という形式が最も多く見られ、伝え聞いた事柄についてお祝いやお見舞いを言うときに使われている。

 (32) <u>承りますれば</u>、貴社資材部長佐藤様は、先週、交通事故に遭われ、ご入院の由、誠に驚きました。(②p121　社交　見舞い状)

また、「と」が「見る／拝見する」「比較する」「踏まえる」「から判断する」に、「ば」が「考える」に後接したものも若干見られ、情報と判断の根拠を示すときに使用されている。

さらに、「と」と「ば」の用例では、「申す」と「申し上げる」からなるものがあり、

 (33) 正直に<u>申し上げますと</u>、弊社は極めて苦しい状況にございます。(⑨p 53　社外　申込状)

 (34) 結論から<u>申し上げれば</u>、諸条件を考え合わせまして、かなり期待が持てるものと存じます。(⑥p 85　社外　回答する)

のように、発言の内容や観点などについて前もって予告し、説明している。

6　一般条件の「ば」

 一般条件はすべて「ば」によって表されている。一方、一般条件が「と」の中心的用法の１つであるという先行研究の指摘と異なり、「と」は１例も見当たらない。ビジネス文書では、一般条件を表す場合に、「と」が「ば」に取って代わられる傾向があると推測される。

 一般条件の「ば」は４例見られ、いずれも「案内状」で自社のキャンペーンやイベントなどを顧客に知らせたり、商品説明をしたりするときに使用されて

いる。たとえば、

(35) ご案内いたしましたお客様であれば、どなたでも無料にてご入会いただけます。(③p 96 社外 案内状)

は「ご案内いたしましたお客様は必ず無料でご入会いただけます」という情報を顧客に知らせるものである。

7 まとめ

本章では、ビジネス文書における条件表現の出現実態と用法の傾向について以下の点を明らかにした。

①ビジネス文書では、条件表現の4形式のうち、「ば」と「たら」が多用されるが、「と」と「なら」の使用は希少である。

②共起する文末表現に関しては、取りうる文末表現の種類が一番多いのは「ば」であり、次に「たら」と「なら」、「と」の順となる。ビジネス文書においては、「ば」の使用範囲は最も広いと言える。また、「たら」「なら」の文末制限の弱さと「と」の強さも確認された。さらに、「ば」の前件の述語が動作性であっても、文末に意志の表現を取る用例が見られ、すべて「交換条件」という解釈が許容されることが明らかになった。

③「ば」の条件文は「幸い」・「幸甚」と共起するという慣用的用法で、文書の受け取り側に依頼するときに最も多用されている。また、その論理性と客観性が強いので、文書の受け取り側に対して、勧誘を行う場合に必要性を示すときまたは情報や推測を伝える場合に主に「ば」が使用されている。さらに、一般条件と前置き表現としても若干使用されている。

④「たら」は主に仮定条件の用法で相手に依頼するときに使われている。前件である状況を想定し、後件で相手に対する依頼を表している。前件の述語が動作性である「たら」の条件文は「仮定の状況」だけでなく、「時間の経過」を表す場合もある。また、「〜たら幸いです」「〜たら幸甚です」のような慣

用的用法も使用されている。
⑤「と」は「現状に基づいて望ましくない結果を予測する」という用法で文書の受取側に対して、懸念を示したり、注意したりするときに最も多く使用される。また、「よると／よります」という前置き表現で情報の出処を示すときと、「幸い」「幸甚」と共起するという慣用的表現で、相手に依頼するときにも使用されている。
⑥「なら／ならば」があまり用いられない原因はその主観的判断に偏る傾向にあると考えられる。「なら／ならば」は主に「本来なら/ならば」という形式として使われ、詫びの表現を伴うことが多い。また、ある状況を想定して、自分の意向を示したり、文書の受け取り側に依頼したりするときにも使用されている。

第 2 部

ビジネス会話における条件表現

第２章　経済ドラマにおける条件表現の使用状況

1　はじめに

　ビジネス会話場面では、どのような場面でどのような条件表現を使用するのかを明らかにするためには、シナリオ、ビジネス会話場面を材料として、条件表現がどのように使用されているかについて観察するという実態調査を行うことが必要と思われる。経済ドラマは銀行などの金融関係、会社組織などを舞台とし、ビジネス場面を現実に近く描いたドラマなので、ビジネス会話を分析するための材料として、ふさわしいと考えられる。そこで、ビジネス会話における条件表現の用法を明らかにするために、各テレビ放送局で放送された経済ドラマを録画し、ビジネス場面の会話を文字化して、条件表現の「と」「ば」「たら」「なら」の４形式の用例を採り、各形式がどの場面で、どの用法で使用されているかについて考察していきたい。

2　調査資料と条件表現の使用状況

　調査したドラマは以下の５件である。本章における略称を（　）で示す。
①『半沢直樹』（半沢）
　TBSテレビ　2013年7月7日-9月22日　10回　原作：池井戸潤『オレたちバブル入行組』『オレたち花のバブル組』（文春文庫刊）　脚本：八津弘幸
②『ルーズヴェルト・ゲーム』(ルーズ)
　TBSテレビ　2014年4月27日-6月22日　9回　原作：池井戸潤『ルーズヴェ

ルト・ゲーム』脚本：八津弘幸　山浦雅大　西井史子
③『花咲舞が黙ってない1』（花咲1）
　日本テレビ　2014年4月16日 - 6月18日　10回　原作：池井戸潤『不祥事』
『銀行総務特命』　脚本：松田裕子　江頭美智留　梅田みか　横田理恵
④『花咲舞が黙ってない2』（花咲2）
　日本テレビ　2015年7月8日 - 9月16日　11回　原作：池井戸潤『不祥事』
『銀行総務特命』　脚本：松田裕子　梅田みか　横田理恵
⑤『リスクの神様』（リスク）
　フジテレビ　2015年7月8日 - 9月16日　10回　脚本：橋本裕志

　以上の5つのドラマを分析対象とした理由は以下の2つがある。
　1．この5つのドラマは近年に放送されたので、現在のビジネス会話場面における条件表現の使用傾向が見込めるから。
　2．この5つのドラマでは、社内の会話場面と社外の会話場面が両方とも多いので、話し手と聞き手の立場などに応じて条件表現の使用傾向の違いが見込めるから。

　次に、今回の調査資料における「と」「ば」「たら」「なら」の用例数を表1に示す。総用例数364例のうち、「と」67例（18.4％）、「ば」157例（43.1％）、「たら」86例（23.6％）、「なら」54例（14.9％）と、「ば」が圧倒的に多く、「たら」が中間的位置を占め、「と」「なら」が少ない。

　また、条件表現を仮定条件、一般条件、事実条件、慣用的用法、前置きに5分類し、各用法の用例を表2に示す。「ば」は4つの用法が見られるが、前置きと一般条件は少ない。「と」の用例では仮定条件、前置き、慣用的用法の3つ、「たら」の用例では仮定条件、事実条件、慣用的用法の3つの用法が見られるが、仮定条件は圧倒的に多い。「なら」では仮定条件の用法しか見られない。

　前章で考察したビジネス文書の使用傾向との異なる点としては、4形式の慣用的用法の使用頻度が低いことと、「たら」の事実条件が見られることと、「なら」は仮定条件の用法しか見当たらないことが挙げられる。

第2章 経済ドラマにおける条件表現の使用状況

表1　各ドラマにおける4形式の出現実態

資料 ＼ 形式	と	ば	たら	なら	計
①半沢	6	32	14	17	69
②ルーズ	11	38	14	16	79
③花咲1	15	13	18	8	54
④花咲2	26	30	22	5	83
⑤リスク	9	44	18	8	79
計	67	157	86	54	364
％	18.4%	43.1%	23.6%	14.9%	100.0%

表2　用法別の用例数

用法 ＼ 形式	と		ば		たら		なら		計	
	数	%	数	%	数	%	数	%	数	%
仮定条件	54	80.6%	125	79.6%	75	87.2%	54	100.0%	308	84.6%
一般条件			6	3.8%					6	1.6%
事実条件					3	3.5%			3	0.8%
慣用的用法	3	4.5%	18	11.5%	8	9.3%			29	8.1%
前置き	10	14.9%	8	5.1%					18	4.9%
計	67	100.0%	157	100.0%	86	100.0%	54	100.0%	364	100.0%

そこで、「と」「ば」「たら」「なら」の各用法について考察を行う。

3 仮定条件

3.1 仮定条件の場面別の使用状況

ビジネス会話において現れる場面を、社内と社外の２つに設定し、社内の場面をさらに「上→下」（目上→目下）、「下→上」（目下→目上）、同僚（同僚の間の談話）、会議（会議の発話）の４つの場面に分類した。使用状況を場面別に考察して、用例数を以下の表３に示す。

まず、全体的に、仮定条件は社外より社内のほうに多用されている。また、両場面において、「ば」が圧倒的に多く、「たら」がそれに次いで２位になっている。「なら」と「と」の２形式の用例数に大差がない。

表３　仮定条件の場面別の用例数

場面	形式	と	ば	たら	なら	計
社内	上→下	6	20	27	10	63
	下→上	17	26	10	15	68
	同僚	7	16	3	5	31
	会議	2	17	8	3	30
	計	32	79	48	33	192
社外		22	46	27	21	116
総計		54	125	75	54	308

次に、社内の4つの場面の使用傾向を考察していく。「ば」は「下→上」の場面に最も多用されており、他の3場面にもしばしば使用されている。なお、「会議」での多用が注目される。会議は丁寧さが要求される場面であるため、丁寧度の高い「ば」が多用されているのではないかと考えられる。「たら」は主に「上→下」の場面で出現している。一方、「と」は「たら」と異なり、「下→上」の場面に多く用いられている。「上→下」の場面にも使用されているが、用例数は「下→上」の半分にも至らない。「なら」は「上→下」・「下→上」の2場面とも使用されているが、「同僚」と「会議」での使用は稀である。

3.2 「ば」について

「ば」の仮定条件については、使用場面と後件の文末表現に焦点を当てて、考察していく。使用場面と文末表現の関係を表4（次ページ）に示す。

「ば」の文末表現には、断定が最も多く、判断も多く見られる。希望、意志、疑問、依頼、命令も見られるが、数は非常に少ない。

後件に断定、判断の文末表現がくる用例を考察していく。表4に示されるように、後件にこの2つの文末表現がくる用例は、社外と社内両方にも多く使用されている。さらに、社内の4つの場面を見ると、「上→下」・「下→上」の使用数にあまり差がない。

その用法としては、

(1) 31日に金が入れば、ブランダージュは倒産を免れます。（社内　下→上　相馬（東京第一銀行臨店班調査役）→久保寺（東京第一銀行六本木支店支店長）　花咲2　第三話）

(2) もし倒産後の調査で帳簿に疑問があればこちらに調査が入る事態もありえますので、念のためにと思いまして。（社外　神狩（サンライズ物産社員）→高中（トウセンの社長）　リスク　第八話）

(3) TOUSENとの関係が深ければ調査に協力するふりをしながら、裏で不祥事隠しに協力しても不思議はない。（社内　上→下　西行寺（サンライズ物

表4「ば」の仮定条件の分類

場面		文末表現 断定	判断	意志	依頼	疑問	希望	命令	計
社内	上→下	15	5						20
	下→上	15	7	1	1	1		1	26
	同僚	6	10						16
	会議	10	7						17
	計	46	29	1	1	1		1	79
社外		19	19	4	3		1		46
総計		65	48	5	4	1	1	1	125

産危機対策室長)→部下　リスク　第八話)

(4) 現在弊社が開発中のイメージセンサーが東洋カメラの最新機種ＥＤＥＮに搭載され、その真価が認められれ<u>ば</u>、2年後の決算では間違いなく黒字に<u>なります</u>。(社内　会議の発話　笹井 (青島製作所専務)→株主　ルーズ　第八話)

(5) AAの格付けを持つフォスター資本を背景にできれ<u>ば</u>、伊勢島ホテルは危ないどころか、飛躍的に今後業績を伸ばすことで<u>しょう</u>。(社内　下→上　半沢 (東京中央銀行東京本部営業第二部次長)→福山 (東京中央銀行東京本部融資部次長)　半沢　第九話)

のように、相手に対して、「前件の事態が成立すると、後件の結果が生じる」という事情および事情に対する客観的な予測を伝達するときに最も用いられている。このうち、例 (4)(5) のような話し手の願望や展望を表すものが少なか

らずあり、「前件が達成されれば、後件の望ましい結果が生じる」という予測や展望を表している。

また、社内で提案する場合や取引先などに対して勧誘を行う場合にもしばしば用いられ、

(6) テストを効率化し回数を減らせば間に合うんじゃないですか。(社内　同僚　豊岡（青島製作営業部長）→神山（青島製作所技術開発部長）　ルーズ　第六話)

(7) タイを製造拠点にしてそこから海外進出すれば御社が何倍にも大きくなるチャンスになると思うんですよ。ぜひご検討を。(社外　枝（豊洲支店支店長）→時田（時田硝子元社長）　花咲２　第十話)

(8) 大和田さんに協力しておけば絶対に損はないですよ。(社外　岸川（東京中央銀行京橋支店支店長）→田宮（タミヤ電機の社長）　半沢　第九話)

のように、前件は相手に対する勧誘と提案であり、後件は提案が達成した後への展望である。

さらに、上司が部下に対して、指示と助言を与える場合にも用いられている。

(9) 融資実行額100億円を達成すれば、我が大阪西支店は名誉ある最優良店舗の栄冠を獲得することは間違いない。(社内　上→下　浅野（東京中央銀行阪西支店支店長）→行員　半沢　第一話)

(10) 内部犯さえ特定できれば特許裁判に持ち込める。(社内　上→下　西行寺（サンライズ物産危機対策室長）→部下　リスク　第六話)

はそれぞれ、「名誉ある最優良店舗の栄冠を獲得するために、融資実行額100億円を達成すべき」、「特許裁判に持ち込めるために、内部犯を特定すべき」といった指示と助言を部下に与えている。

益岡（1993）で「『ば』の論理性の強さは、この形式が、『裏の意味』を持つという点によく現れている」と指摘しているように、「ば」は前件が成立しなければ、後件も成立しないという裏の意味を喚起しやすいので、勧誘、提案、指示や助言などを行う場合、実行の必要性を暗示するためによく使用されている。

前件のことがらは後件のことを成立させる必要条件であると読み取れる場合が多い。

一方、「ば」は次のように懸念を表している場合もある。

(11) もはや青島製作所は抜本的な改革がなければ、立ち直ることはできない、私はそう思います。(社内　下→上　笹井 (青島製作所専務) →細川 (青島製作所社長)　ルーズ　第六話)

(12) ここで動かなければ、豊川フーズの信頼は地に落ちますよ。(社外　西行寺 (サンライズ物産危機対策室長) →麻生 (豊川フーズ総務部長)　リスク　第二話)

(13) 対応を誤れば会社の死にもつながりますよ。(社外　西行寺 (サンライズ物産危機対策室長) →豊川 (豊川フーズ社長)　リスク　第二話)

(14) ―人命に関わる問題です。すぐ発表しましょう。

―いや、こんな不祥事を公表すれば坂手社長の足元をすくおうとする者が現れないとも限らない。(社内　上→下　峰岸 (サンライズ物産の環境事業部長) →神狩 (サンライズ物産社員)　リスク　第九話)

「前件のことをすれば、望ましくない結果が生じる」という懸念を示すことで、相手の注意を喚起したり、相手の行動や意見に対して、反対を示したりしている。その中で、例 (11) (12) のように「なければ」という形よく用いられており、22例見られる。例 (12) は「豊川フーズの信頼は地に落ちます」という懸念を示すことで「動く」の必要性を強調している。また、例 (13) は「会社の死にもつながる」という望ましくない結果の予測で、聞き手に対して、対応を誤らないよう注意喚起をする。例 (14) は聞き手の「発表しましょう」という意見に対して、「坂手社長の足元をすくおうとするものが現れないとも限らない」という懸念を示すことで反対を示している。

次に、後件に依頼、意志、希望がくる用例を見ていく。表4にあるように、社内の「下→上」の場面と社外の場面でしか見当たらない。

(15) 至らない点があれば遠慮なくご指導ください。(社外　塚原 (波丘樹脂

社長）→西行寺（サンライズ物産危機対策室長）　リスク　第四話）
(16) 息子さんの就職先も失礼でなければ、うちの系列から紹介させていただきます。（社外　西行寺（サンライズ物産危機対策室長）→顧客　リスク　第一話）

　その用法としては、聞き手に依頼する場合や申し出る場合に使用され、前件である状況をイメージし、後件でその状況が成立した場合の話し手の意志、希望や聞き手に対する要求、勧誘などを表している。また、聞き手は主に取引先、顧客や社内の目上の人物である。

3.3　「たら」について

　「たら」の仮定条件についても、使用場面と後件の文末表現に焦点を当てて、考察していく。使用場面と文末表現の関係を表5（次ページ）に示す。

　後件の文末には、断定と判断が多く見られ、疑問も少なくない。依頼、許可、命令も見られるが、数は少ない。前章のビジネス文書の実態調査における「『たら』の後件の文末には依頼が圧倒的に多く、判断が少ない」という指摘とは異なっている。

　次に、後件が判断、断定である用例を見ていく。

(17) 確証なしにうかつな行動に出て、人質が殺されでもしたらその命は永遠に戻らない。（社内　上→下　西行寺（サンライズ物産危機対策室長）→神狩（サンライズ物産社員）　リスク　第五話）

(18) このまま手をこまねいていたら、どのみち会社はつぶれます。（社外　西行寺（サンライズ物産危機対策室長）→麻生（豊川フーズ総務部長）　リスク　第二話）

(19) もし回収してなかったら、お前の責任だぞ。（社内　上→下　新田（東京第一銀行青山支店支店長）→杉下（東京第一銀行青山支店融資課・グランマリッジ融資担当）　花咲1　第二話）

(20) これだけ一度に解雇したら、作業効率に支障をきたして、かえって経

表5「たら」の仮定条件の分類

場面		文末表現 断定	判断	依頼	意志	疑問	許可	命令	計
社内	上→下	8	12	1	4	1		1	27
	下→上	2	5			3			10
	同僚	2	1						3
	会議	3	3		1	1			8
	計	15	21	1	5	5		1	48
社外		7	7	3	2	7	1		27
総計		22	28	4	7	12	1		75

営を悪化させるんじゃないですか。(社外　林田(白水銀行西東京支店融資課課長)→細川(青島製作所社長)　ルーズ　第一話)

(21) その物件を差し押さえたら、5億回収の大きな前進になります。(社内　下→上　角田(東京中央銀行大阪西支店融資課行員)→半沢(東京中央銀行大阪西支店融資課課長)　半沢　第二話)

(22) そういうことでしたら、審査部あたりが引き継ぐのが妥当でしょう。(社内　下→上　半沢(東京中央銀行東京本部営業第二部次長)→内藤(東京中央銀行東京本部第二営業部部長)　半沢　第六話)

後件に判断、断定がくる「たら」は、社内の「上→下」の場面で最も多く使用されている。

また、後件で断定、判断した内容を見ると、ほとんど望ましくないことである。そのため、経済ドラマでは、「たら」は主に、相手に対して、「前件の事態が起こっ

たら、望ましくない結果が生じる」という懸念を伝達するときに用いられていると指摘できよう。

　このうち、例（18）（19）のように相手に警告するときに使用されている用例は少なくない。また、懸念を示すことで、相手に対する反対を表しているものも見られる。たとえば、例（20）は「作業効率に支障をきたして、かえって経営を悪化させる」という望ましくない結果を予測することで、リストラの実行への反対を示している。一方、例（21）のような後件が望ましい結果である用例は4例しか見られない。

　さらに、例（22）のように、聞き手の発話から受け取った情報を「そういうこと」で提示して、それについて自分の判断を述べているものも1例見られる。例(22)の「たら」は仮定というより、提題的な機能をしていると言えよう。

　また、疑問の用例を見ると、

（23）もしそれまでに融資が通らなかっ<u>たら</u>、<u>どうなるんですか</u>。（社外　花咲（東京第一銀行行員）→幸田（幸田産業社長）　花咲1　第九話）

（24）もし息子さんにもう一度経営者として復帰してほしいと言ってき<u>たら</u>どう<u>お答えになりますか</u>。（社外　西行寺（サンライズ物産危機対策室長）→岡崎（烏丸屋ホールディングス前社長）　リスク　第七話）

のようにある状況を想定して、聞き手の意向を尋ねる場合に使用されている。

　さらに、依頼、意志、許可、命令の用例を示しておく。

（25）何かありまし<u>たら</u>、何でもおっしゃって<u>ください</u>。（社外　花咲（東京第一銀行社員）→青田（金融庁主任検査官）　花咲1　第五話）

（26）もし何かあっ<u>たら</u>、責任は私が<u>とる</u>。（社内　上→下　新田（東京第一銀行青山支店支店長）→杉下（東京第一銀行青山支店融資課・グランマリッジ融資担当）　花咲1　第二話）

（27）お急ぎでし<u>たら</u>、後で出していただい<u>ても構いません</u>。（社外　須賀（東京第一銀行蒲田支店支店長）→武内（東京第一銀行荒磯の子社長）　花咲1　第三話）

(28) 話を聞いた<u>ら</u>、さっさと帰って<u>くれ</u>よ。(社内　上→下　芝崎（東京第一銀行支店統括部次長）→花咲（東京第一銀行支店統括部臨店班）　花咲2　第二話)

　これらの用例は主に社外と社内の「目上→目下」の場面で出現している。社外の場面で出現する「たら」は、たとえば、例(25)(27)のように「お〜です」という尊敬語や丁寧形「ましたら」「でしたら」の形で使用されている。

　その用法としては、「ば」と同様、前件においては、ある状況を想定し、後件で自分の意志と話し手に対する要求を表している。だが、「ば」と異なるのは、「目下→目上」の場面では使用されていないことと、仮定というより時間の経過を表しているものもあることである。例(28)は「話を聞いたあと、さっさと帰ってくれ」と読み取ることができる。

3.4「と」について

　まず、「と」の使用場面と後件の文末形式を表6に示す。

　「と」は「社外」と社内の「下→上」の場面で多く使用されている。一方、後件の文末表現を見ると、断定、判断、疑問に限られている。断定、判断がくる用例を見ると、後件はほとんど以下の例のようにマイナス評価を表すものである。

(29) 金融庁に目をつけられる<u>と</u>厄介なことになるから<u>ねえ</u>。(社内　会議の発話　髙木（専務）　半沢　第四話)

(30) 白水銀行に申し込んでいた分も断られたようでして、<u>このままだと</u>、今月持たない<u>かもしれません</u>。(社内　下→上　神田（東京第一銀行六本木支店営業課長）→久保寺（東京第一銀行六本木支店支店長）　花咲2　第三話)

(31) その上、私の指示に従わない<u>となると</u>、処分の対象となる<u>よ</u>。(社内　上→下　西行寺（サンライズ物産危機対策室長）→神狩（サンライズ物産社員）　リスク　第一話)

表6「と」の仮定条件の分類

場面	文末表現	断定	判断	疑問	計
社内	上→下	1	4	1	6
	下→上	6	11		17
	同僚	1	6		7
	会議	1	1		2
	計	9	22	1	32
社外		11	10	1	22
総計		20	32	2	54

(32) 今月末までに融資をしていただかない<u>と</u>、うちは立ちいかなくなってしまいます。(社外　近藤（タミヤ電機経理部長）→古里（東京中央銀行京橋支店融資課課長代理）　半沢　第六話)

(33) 製造も解雇した社員の約半数を呼び戻さない<u>と</u>、間に合わなくなるの<u>でしょう</u>。(社外　笹井（青島製作所専務）→磯部（白水銀行支店長）　ルーズ　第九話)

「と」について、益岡（1997）では「現実に観察される継起的な事態の表現」と定義し、「『と』は未然の事態を表す場合さえ、実現の状況と深いかかわりがある」と指摘している。今回の調査では、例(30)のように、既然の事態に基づいた仮定の表現「このままだと」の形で使用している用例が8例見られる。一方、例(31)のような「となると」といった事態を仮に起きたと想定した表現も多用され、14例見られる。

経済ドラマのビジネス会話においては、「と」はビジネス文書のときと同様に、主として、「ある事態が起きるかまたは現在の状況を続けると、望ましくない結果が生じる」という判断と予測で、相手に警告したり、懸念を示したりする場合に使用されていると言える。

また、例 (31) は「私の指示に従いなさい」と読み取れるように、指示と要求を包含している場合も少なくない。なお、実行の必要性を強調するために、例 (32)(33) のような「ないと／ませんと」という形が10例見られるが、「なければ」の数より少ない。例 (32) は「製造が間に合わなくなる」という望ましくない結果を予測することで「解雇した社員の約半数を呼び戻す」の必要性を強調している。

3.5「なら」について

表7にあるように、「なら」の後件には、断定、判断が多く見られる。疑問、意志、依頼、希望、命令も観察される。

「なら」について、田中（2004a）は「前提情報に基づく想定」と定義している。また、蓮沼（1985）は「なら」を「前件に他者が関与する場合」「前件に他者が関与しない場合」「定型表現」「事実に反する事態」の4つに分類している。ビジネス会話においては、どうであろうか。

今回の資料では、「なら」は、

(34) 計画に実現性がない<u>というのなら</u>、どこがダメなのか、具体的に指摘していただきたい。（社外　半沢（東京中央銀行東京本部営業第二部次長）→黒崎（金融庁検察官）　半沢　第九話）

(35) それが取締役会の意向である<u>なら</u>、しばらく様子を見ましょう。ですが、それは判断として間違っている。（社内　下→上　半沢（東京中央銀行東京本部営業第二部次長）→内藤（東京中央銀行第二営業部部長）　半沢　第六話）

(36) 専務がそう<u>言っていただけるなら</u>、こちら側としても安心して議事を

表7「なら」の仮定条件の分類

場面	文末表現	断定	判断	疑問	意志	依頼	希望	命令	計
社内	上→下	4	5		1				10
社内	下→上	4	6	1	3			1	15
社内	同僚	1	3	1					5
社内	会議	1		2					3
社内	計	10	14	4	4			1	33
社外		7	8		2	2	2		21
総計		17	22	4	6	2	2	1	54

　　進めていただけます。(社内　会議の発話　竹原(青島製作所の株主)→笹井(青島製作所専務)　ルーズ　第八話)

のように相手の発言に基づいて、話し手が自分の判断と意向を述べたり、相手に依頼したりする場合に最も多用されている。前件で、相手から受け取った情報を「なら」の形式で取り上げ、後件でそれに対する話し手の判断と意向を示している。とくに、(34)(36)のように「いう」との共起が特徴的である。たとえば、例(34)話し手は聞き手の「計画に実現性がない」という発言に対して、「具体的に指摘していただきたい」という要求を示している。これらの用例は前件に他者の主張と意向が関与するものであると言える。

　次に、「名詞＋なら」の形式の使用も注目される。今回の調査においては、16例見られ、主として、

(37) うちと引取のある<u>会社なら</u>、融資担当を通じて頼めば何とかなる<u>かもしれない</u>。(社内　上→下　相馬（東京第一銀行支店統括部臨店班調査役）→松木（東京第一銀行融資課員）　花咲2　第五話)

のように「仮にそうである場合」といった意味を表している。それらの用例の前件はすべて話し手自身が想定したことがらである。

一方、益岡（1997）で指摘されているように、「なら」は名詞に後続するとき、提題の働きをする場合がある。たとえば、

(38) コーエン<u>社長なら、</u>ホテルでお待ちいただいていますよ。(社外　西行寺（サンライズ物産危機対策室長）→白川（サンライズ物産専務）　リスク　第十話)

は聞き手から受け取ったものを話題として取り上げるときに使用されている。

4　慣用的用法

「ば」「たら」「と」の慣用的用法の形式と場面別の使用数を表8に示す。

「ば」の慣用的用法は、「いただければと」のような言いさしと「ばいい」の形で使用されているものがそれぞれ13例と5例である。

まず、言いさしの形で事態実現への期待を迂回的に表す用例は13例であり、社外場面と社内の「下→上」の場面で使用されている。

(39) 少しでも白水や株主のための説得材料になれ<u>ばと思います</u>。(社内　下→上　三上（青島製作総務部部長兼野球部部長）→細川（青島製作所社長）　ルーズ　第八話)

(40) 常務からも彼の処分について人事部に働きかけていただけれ<u>ばと</u>。(社内　下→上　小木曽（東京中央銀行東京本部人事部次長）→大和田（東京中央銀行常務取締役）　半沢　第二話)

(41) わたしはこれからも御社とは末永くお付き合いをでき<u>たらと思っております</u>。(社外　笹井（青島製作所専務）→磯部（白水銀行支店長）　ルー

表8　慣用的用法の場面別の使用数

場面		形式	ば		たら	と
			ばと／ばと思う	ばいい	たらと／たらと思う	と困る
社内	上→下					
	下→上		6	4	3	
	同僚					1
	会議				1	1
	計		6	4	4	2
社外			7	1	4	1
総計			13	5	8	3

ズ　第一話)

　特に、例(40)のように、聞き手に何か頼みごとをするときに多用され、相手が実行してくれたらとても嬉しいという意味を表している。そういう表現は直接の依頼より相手の心理的抵抗を和らげると言える。「たら」の用例でも同じ用法で使用されているものが8例見られ（例41)、使用場面も「ば」とほぼ同様である。一方、ビジネス文書で多用される「幸い」「幸甚」と共起するものは見当たらない。ビジネス会話では、条件表現を用いて事態実現への期待を迂回的に表すとき、「幸い」など嬉しい気持ちを表すことばを省略し、より簡潔な言いさしの表現を使う傾向があると指摘できる。

　次に、「いい」と共起する「ば」の用例を考察する。

　(42) 相馬さん、どうすれ<u>ばいい</u>でしょうか。（社内　下→上　神田（東京第

一銀行六本木支店営業課長）→相馬（東京第一銀行支店統括部臨店班調査役）花咲2　第三話）

のように社内場面で、相手に助言を求めるときに使用される用例が3例見られる。また、自分の願望および要求を表す場合もある。

 (43) 手形が見つかろうと見つかるまいとうちはちゃんと入金されれ<u>ばいい</u>んだ。（社外　川端（カワバタ機械社長）→堀田（東京第一銀行三鷹支店融資課）　花咲2　第九話）

「と」の用例では、「と困る」の形で使用されるものが3例見られる。使用場面を見ると、社内の会議、同僚の間の談話、社外場面で使用されている。その用法は、

 (44) 借りられない<u>と困ります</u>。（社外　馬場（ブランダージュ社長）→神田（東京第一銀行六本木支店営業課長）花咲2　第三話）

のように、「困る」という悪い結果を述べることで、聞き手に何らかの行動を要求したりしている。例(44)は「借りてください」という意味が含意されている。

5　前置きの「と」と「ば」

「と」と「ば」の用例では前置きの用法が見られ、両方とも「言う／申す」に接続するものが最も多く、

 (45) 内々<u>と申しますと</u>？（社内　下→上　児玉（東京第一銀行経営企画本部次長）→堂島（東京第一銀行専務取締役）花咲2　第七話）

 (46) 事務職一級<u>といえば</u>、能力も高いし、給料も高い（社内　上→下　相場（支店統括部臨店班調査役）　→花咲（東京第一銀行社員）　花咲1　第一話）

のように、話題を示すときに使用されている。

 また、「見る」に接続するものも見られ、

 (47) これを<u>見ると</u>カミングマートの業績はそれほどいいとは言えない。（社内　上→下　相場（支店統括部臨店班調査役）　→花咲（東京第一銀行社員）

表9 「と」の前置きの形式と数

形式	数
言いますと／申しますと	4
見ると	3
よると	1
踏まえますと	1
比べますと	1
計	10

表10 「ば」の前置きの形式と数

形式	数
言えば	4
見れば	2
よれば	1
にしてみれば	1
計	8

花舞2　第二話)

のように、判断の根拠を示すときに使用されている。

　さらに、情報の出処や判断の基準を示すのに使用されている「よると」「よれば」「踏まえますと」「にしてみれば」「比べれば」の5つの形式が1例ずつ見られる。

6　一般条件の「ば」

今回の資料では、一般条件の用法は「ば」の用例でしか見当たらない。主に、
(48) ATMを使え<u>ば</u>、口座番号が分かります。（社内　会議の発話　花咲（東京第一銀行社員）　花咲2　第七話）
ように、社内の会議や打ち合わせの場面で、提案をするときに使用されている。

7　事実条件の「たら」

事実条件はすべて「たら」によって表されている。一方、「現実に観察される継起的な事態の表現(益岡1993)」と定義されている「と」は1例も見当たらない。
事実条件の「たら」は3例見られ、いずれも、
(49) 外出先から戻り処理しようと集金袋を開け<u>たら</u>、手形だけがありませんでした。（社内　会議の発話　堀田（東京第一銀行三鷹支店融資課）　花咲2　第九話）
のように、前件のことがらが行われた場面で、後件の状況を発見するという状況の報告をするときに使用されるものである。

8　まとめ

本章では、経済ドラマのビジネス場面における条件表現の使用状況と用法の傾向について以下の点を明らかにした。

① 　経済ドラマのビジネス会話では、条件表現の4形式のうち、「ば」が圧倒的に多用され、「と」「なら」が少なく、「たら」がその中間となっている。しかも、4形式とも主に仮定条件として使用されている。

② 使用場面に関しては、社外の場面では、「ば」の使用数が圧倒的に多く、他の3形式の使用頻度に大差がない。一方、社内の場面では、「ば」は「下→上」の場面に最も多用され、他の場面にも頻繁に使用されている。「たら」は主に「上→下」の場面で使用されているのに対して、「と」は「下→上」の場面に多く用いられている。「なら」は「上→下」・「下→上」の2場面の使用頻度の差が小さい。
③ 条件表現の4形式のうち、「ば」の使用範囲が最も広いと指摘できる。「ば」は論理性が強いため、ある状況がまだ成立していない場合に結果を予測するときに最も多用されている。また、相手に対して、勧誘、提案、指示や助言などを行う場合に実行の必要性を示すときにも多用されている。提案するときに、一般条件の用法で使用されることもある。なお、懸念を示すことで、相手の注意を喚起したりする場合もあり、「なければ」という形式がよく使用されている。さらに、「〜いただければと」「〜いただければと思う」のような後件を省略した慣用的表現は取引先や社内の目上の人物に依頼するときに用いられている。「ばいい」は主に社内の目上の人物に対して、助言を求めたり、自分の願望を表したりするときに使用されている。
④ 「たら」は望ましくない結果を予測することで聞き手に懸念を伝達するときに多用されている。警告を表す場合もある。また、ある状況を想定して、聞き手の意向を尋ねるときにも多く使用されている。さらに、自分の経験を伝える場合に「たら」は事実条件の用法で使用されている。
⑤ 「と」は主に「ある事態が起きるかまたは現在の状況を続けると、望ましくない結果が生じる」という判断と予測で、相手に警告したり、懸念や指示を示したりするときに使用されている。特に、「このままだと」「となると」「ないと」の3形式が多く使用されている。「ないと困る」という慣用的表現も使用されている。さらに、発言の話題や根拠を示すのに「言いますと」などの前置き表現が使用されている。
⑥ 「なら」は仮定条件の用法しかない。相手の発言に基づいて、自分の判断と

意向を述べたり、相手に依頼したりするときに最も多く用いられている。また、「名詞＋なら」という形が多用されている。

第3章　職場の自然談話録音における条件表現の使用状況
－ビジネス場面の会話を焦点に－

1　はじめに

ビジネス会話では、条件表現がどのような場面でどのように使われるのかを明らかにするためには、自然なビジネス会話を材料とし、実際の用例に基づいて条件表現の用法と使用傾向を捉えることが必要であろう。前章で経済ドラマのビジネス会話における条件表現について考察したが、自然談話を資料としたものではない。そこで、本章では、ビジネス会話における条件表現の用法を明らかにするために、職場の自然談話録音資料『男性のことば・職場編』を調査して、ビジネス場面における条件表現の「と」「ば」「たら」「なら」の4形式を取り上げ、各形式の使用状況と用法の傾向について考察していきたい。

2　自然談話録音における条件表現の使用状況

2.1　「男性のことば・職場編」について[1]

「男性のことば・職場編」は現代日本語研究会により作成されたデータであり、1999年10月～2000年12月に首都圏の職場で収録された自然談話録音を文字化したものである。録音協力者の職業および人数の配分は、会社関係9名、研究・教育関係7名、自営業4名、自由業1名、計21名である。協力者はすべて男性であるが、その録音資料に登場する話者は男性に限らない。発話者の総数は215人であり、その中男性131人、女性61人、性別不明23人である。

データでは、場面は「朝」「会議」「休憩」の3つに分ける場合と、「打ち合わせ」「会議」「雑談」など、談話の内容を指す場合がある。前者は、録音をとった場面で、データでは「場面1」とされている。後者は談話の場面で、データでは「場面2」とされている。また、発話者の職業・職種名・役職も付加情報として入力されている。

なお、用例内の＃は聞き取り不明の箇所、★は発話途中で次の話者の発話が始まった時点を示す。前の話者の発話に重なった部分は始まりを→、終わりを←で示す。¥は引用的発語であることを示す。発語途中の聞き手のあいづちは、｛ ｝に入れて示す。上昇イントネーションは↑で示す。

2.2 ビジネス場面における条件表現の使用状況

自然談話録音資料における条件表現について、前述した「場面2」の項目を利用して、会議、打ち合わせ、報告などあらたまった場面をビジネス場面、雑談を雑談場面とする。本章では、ビジネス場面の会話に絞って分析する。また、教員の発話を考察対象から除外した。

まず、ビジネス場面における「と」「ば」「たら」「なら」の4つの形式の出現数を表1に示す。

ビジネス場面における条件表現の4形式の出現数を見ると、「と」「たら」「ば」「なら」の順となっており、「と」「ば」「たら」の使用数に大差がなく、3形式とも多用されているが、「なら」は16例と稀である。前章の「経済ドラマのビジネス会話において、『ば』が圧倒的に多く、『と』の使用が少ない」という調査結果とは異なる傾向を示している。

次に、各形式の用例を仮定条件、一般条件、事実条件、慣用的用法、前置きに5分類する。

表2にあるように、「ば」は前置き、慣用的用法、一般条件、仮定条件の4つの用法が見られ、事実条件が見当たらない。そのうち、慣用的用法と仮定条件も多く見られ、前置きと一般条件が少ない。「と」は4つの用法が見られ、そ

表1　ビジネス場面における「と」「ば」「たら」「なら」の出現数

形式	と	ば	たら	なら	計
出現数	121	109	112	16	358

表2　用法別の条件表現の形式の出現数

形式	と		ば		たら		なら		計	
用法	数	％	数	％	数	％	数	％	数	％
仮定条件	62	51.2%	52	47.7%	66	58.9%	16	100.0%	196	54.7%
一般条件	23	19.0%	5	4.6%					28	7.8%
事実条件					19	17.0%			19	5.3%
慣用的用法	8	6.6%	47	43.1%	22	19.6%			77	21.5%
前置き	28	23.1%	5	4.6%	5	4.5%			38	10.6%
総用例数	121	100.0%	109	100.0%	112	100.0%	16	100.0%	358	100.0%

のうち、仮定が圧倒的に多い。「たら」は一般条件以外の4つの用法が見られ、仮定条件が圧倒的に多い。一方、「なら」は仮定の用法しか見られない。経済ドラマに比べて、自然談話における4形式の慣用的用法の使用率が高く、特に慣用的用法の「ば」が経済ドラマより遥かに高い。また、経済ドラマでは、「と」

の一般条件と「たら」の前置きの用法が見当たらないのに対して、自然談話では使用されている。

3　仮定条件

仮定条件では、「たら」が最も多く、「と」と「ば」も多用され、「なら」の使用が稀である。各形式の仮定条件については、本章では、前章のように後件の文末表現に焦点を当てるのみならず、前件の示すことがらにも着目して考察する。

前田 (2009) は「言語によって表された事態と、現実との事実関係」を「レアリティー」と定義し、「レアリティー」には、「事実的レアリティー」「仮説的レアリティー」「反事実的レアリティー」の3つを挙げている。本章では、前田(2009)を参考に、条件文の前件を「発生しうることがらを示す」「現実と異なることがらを示す」「すでに発生していることがらを示す」の3つに分類する。さらに、益岡（1993）を参考に「相手から得た情報と相手の様子から想像できることを事実として取り上げる」を加えて、4分類することにする。

3.1 仮定条件の「ば」について

まず、仮定条件の「ば」の前件はどのようなことがらを示すのかを見ていく。「ば」の前件は「A. 発生しうることがらを示す」「B. 現実と異なることがらを示す」「C. 相手から得た情報と相手の様子から想像できることを事実として取り上げる」の3つの場合がある（表3）。

その中で、発生しうることがらを示す用例が圧倒的に多く、前件に起きる可能性があるが、起きるかどうかわからないことがらを条件として示す場合に使用されている。それらの用例について、後件の文末表現に焦点を当てて考察していく。

表4にあるように「ば」の後件の文末には、断定と判断が圧倒的に多い。自

表3　仮定条件の「ば」の前件の分類

分類	数
A 発生しうることがらを示す	43
B 現実と異なることがらを示す	2
C 相手から得た情報と相手の様子から想像できることを事実として取り上げる	7
計	52

表4　仮定条件「ば」Aの文末表現

文末表現	数
断定	16
判断	15
依頼	3
勧誘	1
意志	6
希望	2
計	43

分の意向を表す表現と相手に対する働きかけを表す表現も見られるが、数が少ない。

　まず、断定と判断を取る用例を考察していく。断定の用例は、後件には「大丈夫」「問題はない」のようなプラス評価を表す表現が多く見られる。判断を取る後件

は主に望ましい結果である。なお、可能表現がよく見られる。

　また、使用される場面を見ると、業務の説明・指導と勧誘・提案の2つの場面に多用されている。例(1)は図書館の受け入れデータをパソコンに入力する方法を、同僚に教える場面に使用されており、前件で操作方法を条件として提示している。そして、例(2)(3)(4)のように勧誘・提案するときに、前件で相手に実現してほしいことや提案などを提示し、「提案が実行されれば、望ましい結果が生じる」という実行の理由と必要性を示しながら勧誘・提案を行っている。断定と判断を取る「ば」の前件は望ましい後件を成立させる必要条件であると言える。

(1) でーあのーーー、プラトンではそれでオッケーですしー、アクセスでもそこに入れてもらえれ<u>ば</u>{はい　(18 B)}<u>だいじょうぶなように</u>{はい　(18 B)}、なります。(会議,打合せ(説明),男,20代,図書館員,図書館員(収書係))

(2) でもまあ、これはー、このせいほ(生保)に入れ<u>ば</u><u>問題はない</u>。(朝,打合せ,男,40代,保険代理店,営業,店主)

(3) 今後の販売の、展開も、流通さんによってー、もっと大きく広げていけるってゆうことなん♯、そのへんのー、まー、案内っていうのも、こちらが¥「これぐらい、の販促物用意してますよ」とか、「こういったユーザーに対しての販促物も用意できますよ」ってことを、明確にしておけ<u>ば</u>、えー、流通の営業さんも、もっと回りやすいと、思います。(会議,出張報告,男,20代,会社員,営業)

(4) 頭数(あたまかず)増やせ<u>ば</u>ー{そうねー　(21 D)}、あんまり今の値段と変わらず＜笑いながら＞でかい部屋が使えるんじゃないかなー、ってゆうのが。(会議,打合せ,男,30代ミュージシャン,ミュージシャン(ベース),コンサートマスター)

　また、後件に意志および依頼などの相手に対する働きかけを表す表現がくる用例を見ていく。前件には、主として状態性述語が使用されている。その用法としては、例(5)と例(6)のように相手に依頼する場合や申し出る場合に使用され、前件である状態を想定し、後件でその状態が成立した場合の話し手の意志、

希望や相手に対する依頼、勧誘などを表している。

(5) はい,箱いらなけれ<u>ば</u>箱とりますが↑(朝,客との応対,男,30代,薬剤師)
(6) で、わかんなけれ<u>ば</u>聞いてください。(朝,打合せ,男,50代,大学職員,室長)

　次に、前件が現実と異なることがらを示す場合は、実現しなかった・実現が不可能なことの実現を想像して示すものである。前件は現実と異なることがらを示す「ば」が2例と少なく、しかも2例とも「ばよかった」の形で使用されており、望ましいことが起こらないことに対する残念や後悔の気持ちを表している。

(7) ちょっと現物持ってーくれ<u>ばよかった</u>んですけれども、私製領収証、今までちょっと大型のサイズの分を、え、だいたい1万円サイズ、財布に入るサイズに、変更いたしまして、えーまあ、ちょうどあの今までのサイズを1万円サイズにしたとゆう感じの領収証に変更いたしました。(会議,報告,男,40代,会社員,事務職,支配人)

　一方、前件に相手から得た情報や相手の様子から想像できることを事実として取り上げるものは、先行談話で相手が言ったことあるいは相手の様子から想像したことを事実として提示している。「ば」の用例では7例見られ、いずれも「の(ん)であれば」という形式で使用されている。また、後件の文末表現を見ると、判断が4例、希望が2例、意志が1例である。その用法は、例8のように前件で話し手から得た情報を真であると仮定し、後件でそれに基づいて、自分の判断と意向を述べている。それらの用例の「の(ん)であれば」は「なら」に置き換えられると考えられる。

(8) そーですね、だから解約ってゆうことを考えないでー{うん　(16 A)}、ほんとに単なる1億の保証をー{うん　(16 A)}、求められてる<u>んであれば</u>ー{うん　(16 A)}これでいいと思いますよね。(朝,打合せ,女,20代,会社員,営業)

3.2 仮定条件の「たら」について

　表5 (69ページ) に示したように、「たら」の前件は、「A.発生しうること

がらを示す」と「B.相手から得た情報と相手の様子から想像できることを示す」に2分類できる。「たら」は「ば」のときと同じように、発生しうることがらを示す用例が圧倒的に多い。しかし、「ば」の条件文に見られる現実と異なることがらを表すものが見当たらない。また、発生しうることがらを示す場合は発生するかどうかわからないことがらに限らず、例（9）のように発生が確実なことがらの用例も5例見られる。

(9) で、いちんち（1日）終わった<u>たら</u>ー、この水を排水した新しい水にかえると。
（会議,打合せ（商談）,男,50代,会社員,部長）

前件が発生しうることがらを示す「たら」を考察していく。後件の文末表現を表6に示す。発生するかどうかわからないことがらを表す「たら」は「たらA1」で、発生が確実なことがらを示す「たら」は「たらA2」で示す。

「たらA1」の後件の文末には、判断が圧倒的に多く、依頼のような相手に対する要求を表す表現も多く使用されている。意志、希望、疑問が見られるが、数は少ない。一方、「たらA2」の後件には、依頼、勧め、判断、意志の4つの表現が見られる。また「ば」の後件に多用されている断定は見当たらない。

まず、用例数が最も多い判断の用例を見ていく。「ば」のときとは異なり、後件で判断したことがらは望ましいことがらだけでなく、望ましくないことがらも見られ、主に「前件の状況が成立した場合には後件の結果が生じる」という意味を表している。自然談話資料のビジネス会話において、「たら」は主にある状況を仮定し、起こりそうな結果を予測する場合に使用されている。

(10) もーあとはもー、取引上の関係だけなんだよ、もー、たとえばほとんど、と、取引してなかっ<u>たら</u>ー、{うん（不明・男）}向こうもーたぶん＜笑いながら＞ゆうてきーへんやろうしー。（会議,会議,男,40代,会社員,営業,課長）

(11) 6月になっ<u>たら</u>もー、6周年できないんでしょ↑（休憩,相談,女,30代,美容師,美容師）

次に後件に依頼、勧誘などの働きかけ表現と意志・希望を取る用例を見る。「ば」に比べて、「たら」は後件に働きかけ表現を取る用例が遥かに多い。また、「ば」の前件の述語はすべて状態性であるのに対して、「たら」の前件には状態性述語

表5 「たら」の前件の分類

分類		数
A 発生しうることがらを示す	1 発生するかどうかわからない	53
	2 発生が確実である	5
B 相手から得た情報と相手の様子から想像できることを事実として取り上げる		8
計		66

表6 「たら」Aの後件の文末表現

文末表現	たらA1	たらA2	計
判断	26	2	28
依頼	13	1	14
勧誘	5		5
許可	2		2
勧め	1	1	2
意志	3	1	4
希望	1		1
疑問	2		2
計	53	5	58

と動作性の述語が両方とも使用されている。働きかけ表現と意志・希望を取る「たら」は前件である状況が実現したと設定し、後件でその状況が成立した場合の話し手の意向と相手に対する依頼などを示す。使用場面を見ると、相手に対して勧誘と依頼を行う場合によく使用されていると指摘できる。

(12) えーとまず、今んところであのー、指摘された部門、あのわからない、ことあっ<u>たら</u>ばー、どんどん聞いてください、あのー、ど、ど、どうゆー指摘なのかがわかんなければ。(会議,報告,男,40代,自動車製造,技術職(生産技術),グループ長)

(13) メールを送るってゆうか、これは共用オフィスの中で［部署名］保管に全部これをやればいいんだからー、開いて、それにー、どこにうんぬんってやっていきゃいいだけ、自分が終わっ<u>たら</u>それでー、またとじとけばいいんだから。(会議,会議,男,40代,会社員,営業,係長)

(14) だからちょっとねー、あの、ここらへんねー、あの、現場（げんば）行ったときなんかあっ<u>たら</u>ー、あのー、そうゆう目でちょっと見といてほしいんだけどね。(朝,ミーティング・報告,男,40代,自動車製造,技術職（生産技術）,グループ長)

一方、前件で相手から得た情報と相手の様子から想像できることを提示する「たら」Bは8例見られ、いずれも「の(ん)だったら」の形で使用されている。また、後件の文末には、判断と勧めの2つの文末表現が4例ずつ見られる。相手から得た情報と相手の様子から想像できる状況に基づいて、自分の意見を述べたり、相手に勧めたりするときに使用されている。

(15) いえいえ、あそこのホワイトボードの裏にはる<u>んだったら</u>、もし｛あ、あーあー　(17 E)｝よければそのまんまはっていただければいいし。(朝,打合せ,男,30代,会社員,電話案内,スーパーバイザー)

(16) あのー、バルブなんかはかなりこー、前にたくさん、あるんでー、さわっちゃいけない<u>んだったら</u>、さわるなとか、そうゆう表示があったほうが、なんか、＜笑い＞さわる人はいないと思うんですけどー、えー、よいのではないかなと思いました。(会議,報告,40代,自動車製造,技術職,グループ長（課長職）)

表7 「と」の分類

前件 \ 後件の文末表現	断定	判断	計
A 発生しうることがらを示す	43	11	54
B すでに発生していることがらを示す	7	1	8

3.3 仮定条件の「と」について

　表7にあるように、自然談話のビジネス会話では、仮定条件の「と」の前件は主に発生しうることがらである。すでに発生していることがらを示す場合もあるが、数は少ない。一方、後件の文末表現は断定と判断に限られる。
　まず、前件が発生しうることがらである用例を見る。

(17) 　Y「［商品名］をやれば、簡単ですよ」ってう、まー、うたうのであればー、どういった具合に簡単なのか、ってゆうのをうたえないと、店頭で並べても、あのー、お客さんに、Y「簡単ですよ」としか口頭でいえませんよ。(会議, 出張報告男, 20代, 会社員, 営業)

(18) 　それと同時に、その一億円てゆうのはー、土地を一億のもの買うのでー、どうしてもそのくらいの保険に入ってないとー、いつ、まあほら★借金、借金ってゆうことになっちゃうんでー。(朝, 打合せ, 男, 40代, 保険代理店, 営業, 店主)

(19) 　だれかやってくれるじゃなくてー、使った自分が↑、忘れないうちにきれいに片しておくってゆうようにしないとー、［名字］さんと［名字(14 H)］さんもー、安心してお客さんに入れないと思うんでー、片づけもそれぞれ、やったほうが、いいと思います。(会議, 反省会, 女, 20代, 美容師, 美容師)

　前・後件ともに望ましくないことがらである用例が多く見られる。その中、前件に「ないと」という形式の多用が顕著であり、23例見られる。それらの用例の後件には、例(17)と例(19)のように否定形式が使用されるものが圧倒的に多い。使用場面を見ると、主として提案や勧誘する場合、前件の望ましくない

ことがらの結果、後件の望ましくない結果になることを述べることで、相手にあることの実行の必要性を強調したり、注意を喚起したりするときに使用されている。たとえば、例 (18) は「そのくらいの保険に入っていない」ことが成立することによって、「借金ということになっちゃう」という望ましくないことがらが発生するという予想を述べることで、「そのくらいの保険に入っている」ことの必要性を相手に強調している。また、後件の文末形式は 23 例のうち、断定 17 例、判断 6 例で、断定が圧倒的に多い。断定の表現を使うことで、確信を持っていることを示すため、より相手の注意を喚起しやすいと考えられる。

一方、「ば」の用例では「ないと」とほぼ同じ用法で使用される「なければ（なきゃ）〜」があるが、2 例しかなく、「ないと〜」より遥かに少ない。その原因としては、堀 (2004a) で指摘している「『なければ』は推論が論理的であることを示すのに対して、『ナイト』は『自然にそうなる』ことを包含しているから、聞き手が結果を受け入れやすい効果がある」ことが挙げられる。しかし、前章で考察した経済ドラマの会話では、「なければ」の用例数が「ないと／ませんと」の 2 倍である。ビジネス場面では、望ましくない結果を述べることで、相手に対して、あることの実行の必要性を述べたり、働きかけたりするときに、「なければ」と「ないと／ませんと」の使用には個人差があると推測される。

次に、前件がすでに発生していることがらである用例を見る。前件はすでに発生していることがらであり、例 (20)「この」のような指示語が使われるものが多い。後件は前件の状況に基づいた話し手の主張と予測であり、主に断定という文末表現を伴っている。前件のことがらは現在の状況であるため、その結果が予測しやすいので、後件の文末には主に断定が使用されると考えられる。

(20) それはー、その、音をー、厚くするってゆうのとー、それから、そろそろ人数的につらくなってきたからー、あっちのおっきい部屋使いたいんだけどー、この人数だとー★値段がつらい<笑い>。(会議，打合せ，男，30代，ミュージシャン，ミュージシャン（ベース），コンサートマスター)

3.4 仮定条件の「なら」について

「なら」の前件は「A. 発生しうることがらを示す」と「B. 相手から得た情報

表8 「なら」の前件の分類

分類	数
A 発生しうることがらを示す	10
B 相手から得た情報と相手の様子から想像できることを事実として取り上げる	6
計	16

表9 「なら」の後件の文末表現

	なら A	なら B	計
判断	7	5	12
意志	2		2
希望	1		1
許可		1	1

と相手の様子から想像できることを事実として取り上げる」に2分類できる。「ば」と「たら」は発生しうることがらを示すものが圧倒的に多いのに対して、「なら」は2つの場合の用例は大差がない（表8）。

　まず、前件の発生しうることがらを示す「なら」を見ると（表9）、後件の文末には、判断が最も多く見られ、意志、希望が僅かに見られる。前件が発生しうることがらを示す「なら」は主に例(21)と例(22)のように、前件である状況を想定し、後件で自分の判断や意向を示す場合に使用されている。

(21) で、あともできることなら、あと、キーボードも入れたいの。（会議，打合せ，男,30代，ミュージシャン，ミュージシャン（ベース））

(22) あの、要はー、業務上使ってる場合には、自分の電話を使って、ぎょうむ、業務にねー、あの、業務時間中（ちゅう）に使ってるならばー、それはいいと、

ゆうことで、そのひとつだけ注意書きとして入れときます。(朝, ミーティング・報告, 男, 40代, 技術職（生産技術）, グループ長（課長職）)

次に、前件で相手から得た情報と相手の様子から想像できることを事実として取り上げる用例を考察していく。

(23) ― アルバイトしてます。コンビニ。(朝, ブロー中の応答, 女, 20代, フリーター, 顧客)
　　　― へー、コンビニ<u>なら</u>ー、ね↑、茶髪（ちゃぱつ）もー関係ないですもんねー。(朝, ブロー中の応答, 男, 30代, 美容師, 美容師)

(24) ［ニックネーム］が、立場的に辛いん<u>なら</u>ー、別にいいよ。(会議, 打合せ, 女, 20代, ミュージシャン, ミュージシャン（アルトサックス）, 広報)

例(23)は先行談話で聞き手が言った「コンビニでアルバイトしている」を省略して「コンビニ」で提示し、それに基づいて自分の主張を述べている。例(24)は前件で聞き手に関して観察される様子を前件で表し、それに基づいて後件で話し手の態度を表している。

前件で相手から得た情報と相手の様子から想像できることを示すことは「なら」の中心的な用法の一つであると言えるが、同じ用法で使用される「んだったら」と「んであれば」より数が少ない。自然談話のビジネス会話では、「なら」は「んだったら」と「んであれば」に取って代わられる傾向があると指摘できよう。

4　一般条件

経済ドラマの会話では、一般条件はすべて「ば」によって表されるのに対して、自然談話録音では、一般条件は「ば」の形式で使用されるものが5例と少なく、主に「と」によって表されている。その用法は、主として、

(25) あの、ドラッグ、あの、押したままー｛まま　(01 B)｝、引き上げれ<u>ば</u>｛ほー　(01 B)｝、あがってくるからー。(休憩, パソコン操作の指導と相談, 男, 40代, 薬局の経営者)

(26) けど、オールフィールズっていうボタンを押す<u>と</u>ー、ほかの、すべてのフィールドが、出てきますから。(会議, 仕事（応対）, 男, 20代, 図書館

員，図書館員（資料相談係））

のように、「前件のことが成立した場合、必ず後件の結果が生じる」という業務や操作の説明と指導をする場合に使用されている。パソコンの操作フローが決まっているため、前件の「トラッグを押したままひきあげる」、「オールフォールズというボタンを押す」という事態が発生した場合、必ず後件の「上がってくる」、「すべてのフィールドが出てくる」という事態が起こる。また、「ば」は主に指導の場面で使用されているのに対して、「と」は業務や操作の説明をする場合に使用される用例が多い。

5　事実条件

自然談話のビジネス場面では、事実条件はすべて「たら」という形式で出現している。

(27) ですから、まあ、古い分とあわせました<u>たら</u>、ちょっと金額が、まー［数値］程度になっております。(会議，報告，男，40代，会社員，事務職，支配人)

(28) プラントはプラントだろうし、吊ってみ<u>たら</u>、あれも悪い、これも悪い、こっちにいわせりゃ、あーじゃない、こーじゃない、調整取りきれなくなってしまった。(休憩，打合せ，男，30代，土木，課長)

事実条件の「たら」は例 (27)(28) のように、自分の経験を相手に伝えたり、説明したりする場合に使用されている。前件と後件はすべてすでに起こった事態であり、前件の事態は後件の事態を引き起こすきっかけである。また、後件は例 (28) のように意外感が持たれるものが多い。

6　慣用的用法

「ばいい」という形式の多用が顕著である。「たらいい」「といい」も見られるが、数は少ない。「ばいい」は助言、提案するときに使用されている。一方、「たらいい」「といい」は主に提案するときに使用されている。

(29) いや、そ、そんな別に聞かなくてもー、はっといてくれれ<u>ばいい</u>んです。

(朝 , 打合せ , 男 , 30代 , 会社員 , 電話案内 , サブリーダー)

(30) えーとできればー、は、はる前にちょっと見せてもらえると一、[職業名？] さんに、急にはってあるー件について、とかゆわれた時に、全く見てないと、ちょっと、あれなんでー、まー自分で見にいけ<u>ばいい</u>んですけど。(会議 , 会議 , 女 , 20代 , 会社員 , 電話案内 , スーパーバイザー)

(31) あとー、ＣＫの6番なんですけどもー、さきほど、まーちょっと重複（じゅうふく）するんですけどもー、えーと缶、山積み（やまずみ）になってたんですけども、今分別（ぶんべつ）ってゆう形で行われてるんでー、あのー、缶とビン、いっしょになってたんでー、そのー分別を一、まー、され<u>たらいい</u>かなと。(会議 , 報告 , 男 , 40代 , 自動車製造 , 治具設備加工 , 作業長)

(32) で、あのー、より並べてもらうために、まー今回わかったこととか、でー、それに対して、次必要なアクションとか、そうゆう感、じで、＜間3秒＞発表してもらう、してもらう<u>といい</u>かな。(会議 , 出張報告 , 男 , 30代 , 会社員 , 営業)

また、「ばいい」は願望を表すものが1例見られ、謙譲語「いただければ」についた形で使用されている(例33)。聞き手に何か頼みごとをするときに使用され、相手が実行してくれたらとても嬉しいという意味を示している。なお、同じ用法で使用されている「いただければ」「いただければと思う」の2形式は、「ば」の後に嬉しい気持ちを表すものを省略したものであり、相手に依頼するときに、事態実現への期待を婉曲的に表している。「たら」の慣用的用法では、願望を表すものが1例のみであり、主文を省略した「たらと思う」という形式で使用されている。

(33) だから、これから使われるんであればー、あの、カバーの設置なんかを考えて<u>いただければいい</u>なと思いました。(会議 , 報告 , 男 , 40代 , 自動車製造 , 設備メンテナンス , 副作業長)

相手に依頼や勧誘をするときに「よければ」「できれば」の2形式も使用されている。

(34) いえいえ、あそこのホワイトボードの裏にはるんだったら、もし｛あ、

表10 慣用的用法の「ば」

形式	数
ばいい（りゃいいなど）	20 (3)
疑問詞＋ばいい	3
いただければ	3
いただければと思う	3
ば（りゃなど）言いさし	11
できれば	3
よければ	1
計	47

表11 慣用的用法の「たら」

形式	数
たらいい	5
どう＋たらいい	5
たらどう	1
たらと思う	1
たら(言いさし)	10
計	22

表12 慣用的用法の「と」

形式	数
といい	6
とだめ	2
計	8

あーあー（17 E）}よければそのまんまはっていただければいいし。(朝，打合せ,男,30代,会社員,電話案内,スーパーバイザー)

次に、「ば」で文を終止した発話は11例である。それらの用例は、主に「コンピュータの操作方法の相談と説明」と「パソコン操作の指導と相談」の2場面で出現している。話し手が聞き手に対してコンピュータまたはパソコンの操作方法を教えるときに使用されている。話し手は操作方法に精通しており、聞き手に対して最小限必要な情報を与えている。「ば」で文を終止するという用法は既有知識に基づいて相手に対して指導・提案する場合に用いられると考えられる。

(35) FDにするとかー、★入れていけば。(会議,コンピュータの操作方法の相談と説明,男,30代,事務補佐員,事務補佐)

(36) →じゃ、←カウントAでやってみれば。(コンピュータの操作方法の相談と説明,女,20代,事務補佐員,事務補佐)

一方、「たら」で文を終止した発話は主に例(37)のように上司が部下に指示と助言を与えるときに使用されている。

(37) だから、あのー、委員長とも確認したうえでねー、あのー、[名字（02 I）]さん、[名字]局長と確認してみたら。(休憩,電話・打合せ,男,50代,大学職員,室長)

7 前置き

まず、各形式の前置きの用法の形式と数を以下の表13、表14、表15に示す。

表13 「ば」の前置き用法

形式	数
そう言えば	3
考えれば	1
から見れば	1
計	5

表14 「と」の前置き用法

形式	数
言うと（言いますと）	21
見ると	3
考えると	2
聞くと	1
からすると	1
計	28

表15 「たら」の前置き用法

形式	数
考えたら	3
言ったら	2
計	5

　4形式のうち、「と」の前置きの用法が圧倒的に多く、「たら」と「ば」が僅かに見られるが、「なら」に至っては皆無である。

　「言う」に後接する「と」が圧倒的に多用されている。例（38）のように話題を提示するときと、例（39）のように「疑問詞＋かというと」の形式で後件の内容を予告するときに使用されている。「疑問詞＋かというと」は8例すべて会議の場面で出現しており、次に説明する内容を予告するときに使用されている。「言う」に接続した「ば」と「たら」はそれぞれ3例と2例見られる。

(38) ガンダムとゆうと、シャー、スナップとか、アムロが写ってたりとか、ちょっとコアな情報ですけども。(会議,打合せ,男,20代,会社員,営業)

(39) で、1233ってのは、どうゆう数字かというとー｛うん（18 B）｝、この1305円にー｛うんうん（18 B）｝、税金掛けてー｛うん（18 B）｝、で、割り引いた金額、じゃないや、割り引いて税金掛けた金額が1233円。(会議,打合せ（説明）,男,20代,図書館員,図書館員（収書係）)

また、「考える」「聞く」「から見る」「からする」からなるものも見られ、話し手の判断の基準と発言の根拠と出処を示しているときに使用されている。使用場面を見ると、主に会議で使用されている。

(40) 日本人から見れば、高い（会議,会議,男,30代,会社員,営業）

(41) →個人の、←いやだから、前回の調査とかの意見とか聞くとー、個人の判断で捨ててるってゆう★のが、一番多いらしいんだよ。(会議,会議,男,40代,会社員,営業,係長)

8 まとめ

本章では、職場の自然談話録音資料のビジネス会話における条件表現の使用状況と用法の傾向について以下の点が明らかになった。

①自然談話録音資料のビジネス会話では、「と」「ば」「たら」が多用されており、「なら」の使用が希少である。

②「ば」の中心的な用法は仮定条件と慣用的用法である。一般条件と前置きも見られるが、使用頻度が低い。「ば」の仮定条件は、主に相手に対して勧誘する場合または提案する場合に使用されており、前件のことは後件を成立させるための必要条件であることを表すことが多い。また、反事実的なことを仮定する場合と相手から得た情報などを真であると仮定する場合もある。「ば」の慣用的用法では、多用されるものとしては、助言や提案するときに使用される、「ばいい」と「ば」で文を終止した言いさしの形式が挙げられる。

③「たら」の中心的用法は仮定条件である。事実条件と慣用的用法もよく使用

されている。一方、前置き表現が少ない。「たら」の仮定条件は、ある状況がまだ成立していない場合に結果を予測するときに使用されている。なお、ある状況が成立したと想定し、相手に対する依頼や勧誘を示すのにもよく用いられている。また、「たら」の前件が示すことがらは発生するかどうか分からない場合と発生が確実である場合がある。さらに、相手から得た情報などを真であると仮定する場合もあり、「の（ん）だったら」という形式が使用されている。慣用的用法では、多用されているものとしては、提案する場合に使用される「たらいい」、指示と助言をする場合に使用される「たら」で文を終止した言いさしの形式が挙げられる。

④「と」の中心的用法は仮定条件である。また、一般条件と前置きも多く使用されている。慣用的用法も僅かに使用されている。「と」の仮定条件の前件は主にまだ発生していないことがらであるが、すでに発生していることである場合もある。主に望ましくない結果を予測することで、相手に実行の必要性を強調したり、注意を喚起したりする用法で使われている。その中で、「ないと」という形式の多用が顕著である。次に、前置き表現は、主に話題を提示するときと発言の内容を予告するときに使用されている。その中で「疑問詞＋かというと」という形式が多用され、すべて会議の場面での使用である。

⑤「なら」はすべて仮定条件で使用されている。中心的用法はまだ発生していないことを仮定する用法と、相手から得た情報と相手の様子から想像できることを真であると仮定する用法との２つの用法である。また、ビジネス会話場面では「なら」は「の（ん）だったら」と「の（ん）であれば」に取って代わられる傾向がある。

注
(1)『男性のことば・職場編』の第1章「調査の概要」を参考に作成したものである。

第4章　ビジネス会話と職場の雑談における条件表現

1　はじめに

　本章では、職場の自然談話録音資料「男性のことば・職場編」において使用される条件表現の「と」「ば」「たら」「なら」の4形式を抽出した。使用場面をビジネス会話場面と雑談場面に設定し、2場面に使用される条件表現の使用傾向と用法の特徴の比較考察を通して、ビジネス会話における条件表現の特徴をより明らかにしたい。

2　条件表現の場面別の使用状況

　前章で述べたように、談話資料の中の「場面2」の項目を利用して、会議、打ち合わせ、報告などあらたまった場面をビジネス会話場面、雑談を雑談場面とする。また、高校と大学の教員の発話を考察対象から除外した。
　レコードの総数11,099件のうち、ビジネス会話場面のレコード数が6118件、雑談場面のレコード数が4981件で、ビジネス会話場面での発話が多い。
　そこで、場面別の「と」「ば」「たら」「なら」の4形式の総用例数と各用法の用例数を表1（次ページ）に示す。
　場面別に見ると、ビジネス会話場面の総出現数358例のうち、「と」が121例、「ば」が109例、「たら」が112例とそれぞれ三分の一近くあり、差は小さい。「なら」は16例と少ない。一方、雑談場面では、総出現数209例のうち、「たら」が93例と圧倒的に多く、「と」が57例、「ば」が49例とその中間となっている。

表1 「と」「ば」「たら」「なら」の場面別の出現数

用法	場面	と	%	ば	%	たら	%	なら	%	計	%
総用例数	ビジネス	121		109		112		16		358	
	雑談	57		49		93		10		209	
仮定条件	ビジネス	62	51.2%	52	47.7%	66	58.9%	16	100.0%	196	54.7%
	雑談	25	43.9%	12	24.5%	52	55.9%	10	100.0%	99	47.4%
一般条件	ビジネス	23	19.0%	5	4.6%					28	7.8%
	雑談	14	24.6%	1	2.0%					15	7.2%
事実条件	ビジネス					19	17.0%			19	5.3%
	雑談					27	29.0%			27	12.9%
慣用的用法	ビジネス	8	6.6%	47	43.1%	22	19.6%			77	21.5%
	雑談	5	8.8%	29	59.2%	7	7.5%			41	19.6%
前置き	ビジネス	28	23.1%	5	4.6%	5	4.5%			38	10.6%
	雑談	13	22.8%	7	14.3%	7	7.5%			27	12.9%

注:ビジネスはビジネス会話場面、雑談は雑談場面を示す。用法別の各々の比率は各形式の各場面の総用例数に対する比率である

「なら」は10例と少ない。

　形式別に見ると、「と」の用例は、仮定条件の出現数が両場面ともに半分近くあり、一般条件、前置きもしばしば見られるが、慣用的用法の出現率が低い。「ば」は、ビジネス会話場面では、中心的な用法は仮定条件と慣用的用法であるが、雑談場面では慣用的用法の出現率が圧倒的に高い。「たら」は2場面とも仮定条件の出現率が最も高く、50％を超えている。なお、雑談場面では、事実

条件も多用されている。「なら」は2つの場面において、いずれも仮定条件しか見当たらない。そこで、各用法の場面別の使用傾向について考察していく。

3 仮定条件の場面別の使用状況

ビジネス会話場面では、仮定条件の196例のうち、「たら」が66例、「と」が62例、「ば」が52例とそれぞれ仮定条件の総数の三分の一を占めており、差が小さい。「なら」は16例と少ない。一方、雑談場面では、99例のうち、「たら」52例、「と」25例、「ば」12例、「なら」10例とあるように、「たら」が圧倒的に多く、「と」も多く見られるが、「ば」と「なら」が少ない。4形式の中で、仮定条件の「なら」はビジネス会話場面・雑談場面での使用率の差が最も小さいのに対して、「ば」は両場面での使用率の差が最も大きい。「と」と「たら」はその中間となっている。

3.1 仮定条件の「たら」の場面別の使用状況

まず、「たら」はどのような形式でビジネス会話場面あるいは雑談場面で使用されるのかについて見ていく。

表2（次ページ）にあるように、ビジネス会話では、「たら」と「たらば」の2形式が見られる。また、「たら」は大抵普通形であるが、丁寧形「ましたら」と「でしたら」も見られる。一方、雑談場面では、「たら」はすべて普通形「たら」の形で使用されている。つまり、自然談話録音資料では、「たらば」「でしたら」「ましたら」がビジネス会話でのみ使用されていることが指摘できよう。では、その3つの形式の使用傾向を考察していく。

「たらば」は2例とも会議の報告と説明の場面で使用されている。「ましたら」は打ち合わせの発話に出現している。「でしたら」は会議、朝礼、顧客応対の3つの場面で用いられている。また、以下の例(1)〜(3)を見ると、いずれも相手に依頼するときに使用される例である。「たらば」「でしたら」「ましたら」の

表2 「たら」の場面別に使用される形式

形式		場面 ビジネス	雑談
たら	たら	59	52
	ましたら	1	
	でしたら	4	
	計	64	52
たらば	たらば	2	
	計	2	

3つの形式は、高い敬意が要求されるビジネス場面で、相手に依頼するときに使用されると言える。

(1) 指摘された部門、あのわからない、ことあっ<u>たらば</u>ー、どんどん聞いてください。(会議, 報告, 自動車製造, 技術職, グループ長)

(2) 代理店として、あのー再スタートというふうに、始めましたので、今までとちょっと又時間帯が、あの違う、あの行動も取れるようになりますので、あのーなにかござい<u>ましたら</u>。(会議, 打合せ, 保険代理店, 営業)

(3) 急ぎのご用<u>でしたら</u>あのー、携帯電話のほうにご連絡ください。(会議, 打合せ, 保険代理店, 営業)

次に、「たら」の前件の示すことがらと後件の文末表現に焦点を当てて、仮定条件の「たら」の場面別の使用傾向を考察する。

表3に示されるように、2場面において、「たら」の前件は主として発生するかどうかわからないことがらであり、発生が確実であることがらも若干見られるが、すでに発生していることがらは見当たらない。一方、ビジネス会話場面で、

表3 仮定条件「たら」の場面別の前件の分類

分類	場面	ビジネス		雑談	
		数	%	数	%
A 発生しうることがらを示す	1 発生するかどうかわからない	53	80%	43	83%
	2 発生が確実である	5	8%	5	9%
B 相手から得た情報と相手の様子から想像できることを事実として取り上げる		8	12%		
C 現実と異なることがらを示す				4	8%
計		66	100%	52	100%

　「たら」は「の（ん）だったら」の形で、前件に相手から得た情報と相手の様子から想像できることを事実として取り上げる場合があるのに対して、雑談場面では1例も見当たらない。また、ビジネス会話場面では見当たらない、前件が現実と異なることがらを示す「たら」は、雑談場面では4例見られる。

　そこで、前件は発生するかどうかわからないことがらまたは発生が確実であることがらである「たら」、すなわち前件が発生しうることがらを示す用法の「たら」に焦点を当てて、その後件の文末表現を中心に考察していく。ビジネス会話・雑談という場面別に出現する文末表現の数と比率を表4と表5（次ページ）にまとめる。

　「たら」の後件に取る文末表現は、両場面ともに判断、断定のような自分の考えや予測することを表す表現が最も多用されており、意志、希望のような自分の意向を表す表現と疑問が若干見られる。ただし、依頼や勧誘など相手に対する働きかけを表す表現はビジネス会話では40％と多用されているのに対して、雑談場面では12％と使用数が希少である。

表4　ビジネス会話場面の「たら」の文末表現

文末表現	数	計	%
判断	28	28	48%
依頼	14	23	40%
勧誘	5		
勧め	2		
許可	2		
意志	4	5	9%
希望	1		
疑問	2	2	3%
総計	58		100%

表5　雑談場面の「たら」の文末表現

文末表現	数	計	%
判断	35	37	77%
断定	2		
依頼	2	6	12%
勧誘	3		
指示	1		
意志	1	1	2%
疑問	4	4	9%
総計	48		100%

まず、後件の文末に依頼などの働きかけを表す表現がくる用例を見ていく。雑談場面の「たら」（例5）はビジネス会話の「たら」（例4）と同じように、前件である状況を想定し、後件で相手に対する依頼や要求などを示す。

(4) 乾かしますから、熱かっ<u>たら</u>おっしゃってくださーい。（ブロー中の応答, 美容師, 美容師）

(5) あっ<u>たら</u>あるだけ使って。（雑談, 会社員, 企画, プロデューサー）

次に、判断、断定と共起する「たら」を考察する。ビジネス会話・雑談の2場面ともに、例(6)と例(7)のように、前件のことが成立した場合は後件の結果が起きるという予測を表すときに使用されている。

(6) 6月になっ<u>たら</u>もー、6周年できないんでしょ↑（相談, 美容師, 美容師）

(7) あれってー、前期で、出しちゃっ<u>たら</u>出せないんじゃないんですか。（雑談, 図書館員, 図書館員）

以上をまとめると、ビジネス会話では、仮定条件の「たら」は主に、ある状況がまだ成立していない場合に結果を予測する場合と、ある状況が実現したと設定し、その状況が成立した場合の相手に対する依頼などを示す場合との2つの用法で使用されている。一方、雑談場面では、「たら」は主に事情に対する予測を述べるときに使用されている。

3.2 仮定条件の「ば」の場面別の使用状況

雑談場面では、仮定条件の「ば」は例(8)のように拗音の縮約形として使用される場合があるが、ビジネス会話では見当たらない。

(8) まあ、金曜日や<u>りゃ</u>土曜日は休みなんだもん。（雑談, 大学職員, 室長）

次に、「ば」の前件の示すことがらと後件の文末表現に焦点を当てて、仮定条件「ば」の場面別の使用傾向を考察する。

以下の表6にあるように、ビジネス会話・雑談場面の2場面で使用される仮定条件の「ば」の前件は、主に発生しうることがらであり、現実と異なること

表6 仮定条件「ば」の前件の分類

前件 \ 場面	ビジネス 数	ビジネス %	雑談 数	雑談 %
A 発生しうることがらを示す	43	83%	11	92%
B 相手から得た情報と相手の様子から想像できることを事実として取り上げる	7	13%		
C 現実と異なることがらを示す	2	4%	1	8%
計	52	100%	12	100%

表7 「ば」の後件の文末表現

文末表現 \ 場面	ビジネス 数	ビジネス %	雑談 数	雑談 %
断定	16	37%	2	18%
判断	15	35%	8	73%
依頼	3	7%		
勧誘	1	2%		
意志	6	14%	1	9%
希望	2	5%		
計	43	100%	11	100%

がらを取り上げる場合もある。ただし、前件に相手から得た情報と相手の様子から想像できることを事実として取り上げる「ば」はビジネス会話でしか見当たらない。

まず、両場面ともに多用される前件が発生しうることがらを示す用法で使用される「ば」について、後件の文末表現に焦点を当てて考察する。現れる文末表現の数と比率を表7に示す。

ビジネス会話場面では、「ば」の後件の文末には、断定と判断のような自分の考えや予測することを表す表現が72％と圧倒的に多く、依頼や意志など相手に対する働きかけと自分の意向を表す表現も若干見られる。雑談の場面では、「ば」の後件の文末は主に断定と判断であるが、意志は1例と希少であり、依頼など働きかけを表す表現に至っては皆無である。

後件に断定、判断を取る用例を見ていく。

(9) こちらがＹ「これぐらい、の販促物用意してますよ」とか、「こういったユーザーに対しての販促物も用意できますよ」ってことを、明確にしておけば、えー、流通の営業さんも、もっと回りやすいと、思います。(出張報告, 会社員, 営業)

(10) で、あと、ほら広沢と石井とかがレギュラーになればさー、スタメンだって、高橋が、たぶんそん中で一番足が早いだろ↑ (雑談, 会社員, 営業, 係長)

ビジネス会話場面では、仮定条件の「ば」は相手に勧誘する場合または提案する場合、「前件の提案が実行されれば、後件の望ましい結果が生じる」という実行の必要性を示すときによく使われる。前件は相手に対する勧誘と提案であり、後件は提案が達成した後への展望である。なお、前件は後件を成立させるための必要条件であるという意味を表すことが多い。

一方、雑談場面では、仮定条件の「ば」は主に前件が成立した場合には後件の結果が生じるという予測を伝達する場合に使用されている。

また、後件に断定と判断の2つの形式を取る「たら」と「ば」との場面別の使用数を比較すると、ビジネス会話では「ば」が多いのに対して、雑談では「たら」が多い。その原因としては、堀(2004a)で指摘されている、「『ば』の条件文では前後の事柄の因果関係・論理的関係が強い」ことにあると考えられる。ビジネス場面では、提案や勧誘する場合が多く、論理的な説明が要求されることが

多いため、「たら」より「ば」を選択する傾向がある。それに対して、雑談のような寛いだ場面では、論理的な説明が不要となるため、「ば」の使用が少なく、「たら」が多用されている。

他方、

(11) で、わかんなけれ<u>ば</u>聞いてください。(打合せ，大学職員，室長)

のように依頼、勧誘など相手に対する働きかけを表す表現と共起する「ば」は、ビジネス会話場面に稀であり、雑談場面に至っては皆無である。働きかけを表す表現と共起する「たら」の用例数に比べて少ない。その原因としては、「たら」条件文の文末制限が「ば」より弱いことと「たら」は「発生が確実であることがらを仮定する」という独自の用法があることが挙げられる。さらに、「たら」の用例では、例(4)(5)のような「ば」と置き換え可能なものがあることから、相手に依頼、勧誘をするとき、両場面のいずれにも、「たら」が「ば」に代わって使われる傾向があることが指摘できよう。

次に、前件が現実と異なることがらである「ば」が、ビジネス会話場面に2例、雑談場面に1例が見られる。いずれも「～ばよかった」の形で使用されており、望ましいことが起こらないことに対する残念や後悔の気持ちを表している。

(12) パン見せれ<u>ば</u>よかったん＃＃。(休憩，雑談，会社員，企画，室長)

3.3 仮定条件の「と」の場面別の使用状況

仮定条件の「と」の場面別の使用傾向について、まず前件がどのようなことがらを示すのかに焦点を当てて見ていく。ビジネス会話では、仮定の「と」の前件は主に発生しうることがらであるが、すでに発生していることがらを示す場合もある。一方、雑談では、仮定の「と」の前件はすべて発生しうることがらである。そこで、前件が発生しうることがらを示す用法に絞って考察する。

ビジネス会話では、仮定条件の「と」は、前・後件ともに望ましくないことがらを表す場合が多い。その中で、例(13)前件に「ないと」という形式の多用が顕著である。使用場面を見ると、主として提案や勧誘する場合、前件の望

表8　仮定の「と」の前件の分類

場面 前件	ビジネス		雑談	
	数	%	数	%
A 発生しうることがらを示す	54	87%	25	100%
B すでに発生していることがらを示す	8	13%		
計	62	100%	25	100%

ましくないことがらの結果、後件の望ましくない結果になることを述べることで、相手にあることの実行の必要性を強調したり、注意を喚起したりするときに使用されている。

(13) 使った自分が↑、忘れないうちにきれいに片しておくってゆうように<u>しないと</u>ー、［名字］さんと［名字（14 H）］さんもー、安心してお客さんに入れ<u>ない</u>と思うんでー、片づけもそれぞれ、やったほうが、いいと思います。(会議,反省会,美容師,美容師)

一方、雑談場面では、仮定条件の「と」は相手に実行の必要性を強調したり、注意を喚起したりするときにも使用されているが、数が少ない。しかも、「ないと」という形式が6例見られ、使用頻度はビジネス会話場面より低い。雑談では、仮定条件の「と」は、例（14）のように、前件のことが成立する場合に後件のことがらが成立するという予測や判断を述べるのに最も多く使用されている。

(14) フレッシュでは十分食べる<u>と</u>ぜいたくだよ。(雑談,会社員,事務職,支配人)

ビジネス会話では、勧誘や提案の場面が多く、実行の必要性を強調するのに「〜ないと、〜ない」が多用されている。また、相手に「あることをしないでほしい」というような働きかけを行うときに、望ましくないことを示すことでその理由を述べるのに「と」をよく使用している。それに対して、雑談場面では、

寛いだ話題が多く、勧誘や提案など働きかけを行う場面がビジネス会話場面より遥かに少ないため、望ましくない結果を示すことで相手に働きかけする用法で使用される「と」は多くない。

3.4 仮定条件の「なら」の場面別の使用状況

仮定条件の「なら」の場面別の使用傾向について、まず、どのような形式でビジネス会話あるいは雑談で使用されているのかを見ていく。ビジネス会話に使用される「なら」は「なら」と「ならば」の2つの形式が見られる。雑談場面で使用される「なら」の条件文は「ならば」は見当たらず、「なら」形式のみの使用である。「ならば」形式の使用場面を見ると、打合せに2例、報告に1例であり、いずれも高い敬意が要求されるビジネス場面で出現している。

表9 仮定条件「なら」の場面別の形式

形式 \ 場面	ビジネス	雑談
なら	13	10
ならば	3	
計	16	10

表10 仮定条件「なら」の前件の分類

分類 \ 場面	ビジネス 数	ビジネス %	雑談 数	雑談 %
A 発生しうることがらを示す	10	62%	4	40%
B 相手から得た情報と相手の様子から想像できることを事実として取り上げる	6	38%	6	60%
計	16	100%	10	100%

次に、仮定条件の「なら」の前件がどのようなことがらを表すのかを中心に考察する。

　表10にあるように、ビジネス会話では、「なら」の前件が発生しうることがらを示すことが多いのに対して、雑談では、相手から得た情報と相手の様子から想像できることを事実として取り上げる場合が多い。

　一方、前件で相手から得た情報と相手の様子から想像できることを事実として取り上げる用法で使用される「たら」と「ば」は、ビジネス会話で見られるが、雑談場面では1例も見当たらない。相手から得た情報と相手の様子から想像できることを事実として取り上げ、自分の判断と意志を表したり、相手に働きかけたりをする用法は、場面によって使用される形式が異なる。ビジネス会話では、「なら」「の（ん）だったら」「の（ん）であれば」の3つの形式が使用されているが、雑談では「なら」のみの使用である。

4　一般条件の場面別の使用状況

　「ば」の中心的用法として、山口（1969）、益岡（1993）は恒常条件あるいは一般的因果関係を表すとしている。しかし、表1にあるように、ビジネス会話と雑談の一般条件の使用傾向はほぼ同様であり、主に「と」によって表されており、「ば」が僅かに見られる。「と」と「ば」の一般条件はいずれも「前件が成立した場合、必ず後件のことがらが成立する」という意味を表しているが、「と」は例（15）のようにことがらを伝達したり説明したりする場面に使用されているのに対し、「ば」は例（16）のように主に助言や指導の場面で使用されている。

　(15) あれ、だから、なんか空港に行くとすごい、東京土産っていうか、その一
　　　限定、空港限定東京土産、たくさんおいてある。（休憩,雑談,アルバイト）
　(16) あの、ドラッグ、あの、押したままー、引き上げれば、あがってくるからー。
　　　（休憩,パソコン操作の指導と相談,薬局の経営者）

5　事実条件の場面別の使用状況

　事実条件はビジネス会話・雑談を問わず、すべて「たら」によって表されており、自分の過去の体験を相手に伝えるときに使用されている。ただし、「たら」はビジネス会話の総用例数が雑談場面より多いのにもかかわらず、事実条件としての「たら」はビジネス場面より雑談場面での使用が多い。その原因は雑談という寛いだ場面では、ビジネス場面より自分の経験を語る機会が多いためであると考えられる。

　(17) ここにビールとおつまみがあって、おつまみ、あたしなんかお腹すいてたからぼりぼりぼりぼり食べ<u>たら</u>、なんか気持ち悪くなっちゃって、食べ過ぎちゃった。(朝, 雑談, 図書館員, 図書館員)

6　慣用的用法の場面別の使用状況

　各形式による慣用的用法の場面別の形式と数を表11、表12（次ページ）、表13（98ページ）に示す。
　ビジネス会話・雑談の2場面の慣用的用法の相違点としては、ビジネス会話に多く見られる「いただければ」「いただければと思う」「たらと思う」「といい」などの相手に対する依頼を婉曲的に表すものおよび「できれば」「よければ」などの相手の都合を配慮するものが雑談場面での使用が稀である点が挙げられる。雑談に比べ、ビジネス場面の会話は丁寧さが要求されているので、相手に何か頼みごとする場合は、直接な依頼より、「いただければと思う」「できれば」のような婉曲的な表現を用いる傾向があると考えられる。

表11　慣用的用法の「ば」

形式 \ 場面	ビジネス 数	％	雑談 数	％
ばいい（りゃいいなど）	20 (3)	50%	16(9)	86%
疑問詞＋ばいい	3	6%		
ば（りゃなど）言いさし	11	24%	4	14%
いただければ	3	6%		
いただければと思う	3	6%		
できれば	3	6%		
よければ	1	2%		
計	47	100%	29	100%

表12　慣用的用法の「たら」

形式 \ 場面	ビジネス 数	％	雑談 数	％
たらいい	5	23%	1	14%
どう＋たらいい	5	23%	1	14%
たら（言いさし）	10	44%	4	58%
たらどう	1	5%		
たらと思う	1	5%		
よかったら			1	14%
計	22	100%	7	100%

表 13　慣用的用法の「と」

形式＼場面	ビジネス		雑談	
	数	%	数	%
といい	6	75%	2	40%
とだめ	2	25%	3	60%
計	8	100%	5	100%

7　前置きの場面別の使用状況

　各形式による前置き表現の場面別の形式と数を表 14、表 15（次ページ）、表 16（100 ページ）に示す。

　「ば」と「たら」による前置き表現はビジネス会話より雑談場面での出現数が多いが、その差は僅かである。一方、「と」による前置き表現は雑談場面での使用数がビジネス会話場面の半分にも至らない。なお、「疑問詞＋かと言うと」という表現が、ビジネス場面の会議で次に説明する内容を予告するときに多用されている(例 18)のに対して、雑談では 1 例も見当たらないということに注目すべきである。雑談場面では、気楽な話題が多く、説明の場面があっても、簡潔な説明だけで十分であるため、話す内容を予告するような表現が不要になると考える。

　(18) で、1233ってのは、どうゆう数字かというとー、この1305円にー、税金掛けてー、で、割り引いた金額、じゃないや、割り引いて税金掛けた金額が1233円。(会議,打合せ,図書館員,図書館員)

表14 「ば」による前置き表現

場面 形式	ビジネス 数	%	雑談 数	%
そう言えば	3	60%	3	44%
考えれば	1	20%		
から見れば	1	20%		
言えば			1	14%
言われれば			1	14%
どちらかと言えば			1	14%
比べれば			1	14%
計	5	100%	7	100%

表15 「たら」による前置き表現

場面 形式	ビジネス 数	%	雑談 数	%
考えたら	3	60%		
言ったら	2	40%	4	58%
見たら			1	14%
から言ったら			1	14%
ときたら			1	14%
計	5	100%	7	100%

表 16 「と」による前置き表現

形式＼場面	ビジネス		雑談	
	数	%	数	%
言うと	13	46%	12	92%
疑問詞＋かと言うと	8	29%		
見ると	3	10%	1	8%
考えると	2	7%		
聞くと	1	4%		
からすると	1	4%		
計	28	100%	13	100%

8 まとめ

「と」「ば」「たら」「なら」の4形式のビジネス会話・雑談場面の場面別の使用状況を考察した結果、次のようなことが明らかになった。

ビジネス会話では、「と」「たら」「ば」が多く使用され、「なら」が稀である。一方、雑談では、「たら」が圧倒的に多く、「と」も多用されているが、「ば」と「なら」が少ない。なお、「ましたら」「でしたら」「たらば」「ならば」はビジネス会話でしか見当たらない。

また、仮定条件は使用場面によって用法が異なる。ビジネス会話では、仮定条件の「たら」は主にある状況がまだ成立していない場合に結果を予測するという用法と、ある状況が実現したと設定し、その状況が成立した場合の相手に対する依頼などを示すという用法で使用されている。「ば」は、相手に対して勧誘する場合または提案する場合に使用されており、前件のことは後件を成立さ

せるための必要条件であることを表す場合が多い。仮定条件の「と」の中心的用法は望ましくない結果を予測することで、相手に実行の必要性を強調したり、注意を喚起したりするという用法である。一方、雑談場面では、仮定条件としての「と」「ば」「たら」の３つの形式の中心的な用法は、「前件のことが成立する場合に後件のことがらが成立する」という予測や判断を述べることである。相手から得た情報を事実として取り上げる用法は、ビジネス場面では「なら」「の（ん）だったら」「の（ん）であれば」の３つの形式によって表されているが、雑談場面では「なら」しか使用されていない。

第5章　ビジネス日本語会話教科書における条件表現の使用状況

1　はじめに

　本章では、現在日本で市販されているビジネス日本語教科書を調査資料として、会話場面に現れる条件表現の「と」「ば」「たら」「なら」4形式を取り上げ、各形式の使用状況と用法の傾向を考察する。また、第3章で考察した自然談話録音資料のビジネス会話における条件表現の使用状況と比較して、自然談話録音資料に見られる条件表現の各用法が教科書で使用されているかどうか、また用法の傾向が異なるかどうかについて考察したい。

2　調査資料と条件表現の使用状況

　調査した教科書は、現在市販されているもので、以下の8件である。本論における略称を（　）で示す。

①社団法人　国際日本語普及協会『Japanese For Professionals- ビジネスマンのための実戦日本語』1998 年発行　講談社インターナショナル（実戦日本語）
②米田隆介・藤井和子・重野美枝・池田広子　共著『新装版　ビジネスのための日本語』2006 年発行　スリーエーネットワーク　（ビジネスのため）
③米田隆介・藤井和子・重野美枝・池田広子 共著『新装版　商談のための日本語』2006 年発行　スリーエーネットワーク　（商談のため）
④岩澤みどり・寺田則子『ビジネス会話トレーニング』2006 年発行　アスク

出版　（ビジネス会話）
⑤奥村真希・釜渕優子『しごとの日本語　電話応対編』2007年発行　アルク出版　（電話応対）
⑥TOPランゲージ『新装版　実用ビジネス日本語』2007年発行　アルク出版　（実用ビジネス）
⑦村上吉文『しごとの日本語　IT業務編』2008年発行　アルク出版　（IT業務）
⑧宮崎道子監修　北村貞幸・紙谷幸子・瀬川由美『人を動かす！実戦ビジネス日本語会話 上級 』2008年発行　スリーエーネットワーク　（実戦ビジネス）

　今回の調査資料における「と」「ば」「たら」「なら」の用例数を表1に示す。総用例数241例のうち、「たら」98例（40.7％）、「ば」86例（35.7％）、「と」42例（17.4％）、「なら」15例（6.2％）と、「たら」と「ば」が多用され、「と」がこれに次いでいるが、「なら」は少ない。また、教科書ごとの使用状況を見ると、ほぼ「たら」、「ば」、「と」、「なら」の順となっている。これは自然談話録音資料の実態調査における「『と』『ば』『たら』の使用数に大差がない」という結果とは異なる傾向を示している。
　また、表2に示すように、「ば」の用例では、慣用的用法、仮定条件、一般条件、前置きの4つの用法が見られ、自然談話録音資料の使用傾向と同様に、慣用的用法と仮定条件が多く使用され、一般条件と前置きが少ない。「と」の用例も、自然談話録音資料と同じように、仮定条件、慣用的用法、前置き、一般条件の4つの用法見られるが、慣用的用法の使用率は自然談話録音資料のときより高い。「たら」の用例では、仮定条件、事実条件、慣用的用法が見られるが、自然談話録音資料に見られる前置きは1例もない。「なら」は自然談話と同様に、仮定条件の用法しか見られない。
　そこで、「と」「ば」「たら」「なら」の各用法について考察を行なっていきたい。

第5章 ビジネス日本語会話教科書における条件表現の使用状況　　105

表1　教科書における4形式の使用状況

資料＼形式	と	ば	たら	なら	合計
①実戦日本語	3	16	17	4	40
②ビジネスのため	3	3	5	1	12
③商談のため	8	11	7	2	28
④ビジネス会話	5	2	11	1	19
⑤電話応対	1	8	11	1	21
⑥実用ビジネス	8	20	16	1	45
⑦IT業務	6	7	20	3	36
⑧実戦ビジネス	8	19	11	2	40
計	42	86	98	15	241
％	17.4%	35.7%	40.7%	6.2%	100.0%

表2　用法別の用例数

用法＼形式	と		ば		たら		なら		計	
	数	%	数	%	数	%	数	%	数	%
仮定条件	17	40.5%	32	37.2%	68	69.4%	15	100.0%	132	54.8%
一般条件	5	11.9%	5	5.8%					10	4.1%
事実条件					4	4.1%			4	1.7%
慣用的用法	10	23.8%	41	47.7	26	26.5			77	31.9%
前置き	10	23.8%	8	9.3%					18	7.5%
計	42	100.0%	86	100.0%	98	100.0%	15	100.0%	241	100.0%

3 仮定条件

3.1「ば」の仮定条件について

　「ば」の仮定条件については、前件の示すことがらと後件の文末表現に焦点を当てて、考察していく。

　表3にあるように、「ば」の文末表現には、断定と判断が多く見られる。希望、勧誘、意志、疑問、依頼、忠告も見られるが、数は非常に少ない。自然談話録音資料の傾向とはほぼ同様である。一方、「ば」の前件を考察すると、発生するかどうか分からないことがらを示すもののみであり、反事実的なことがらを示すものと相手から得た情報などを事実として取り上げるものは見当たらない。

　まず断定と判断の用例を考察する。それらの用例の後件は自然談話資料と同じように、主に望ましい事柄であり、しかも、文末には可能表現が多く見られる。使用場面を見ると、取引先などに対して勧誘を行うときと社内で提案、助言をするときに多用され、8例ずつである。

(1) 長年のお付き合いで、御社の製品を最も理解しているのは我々だという自負もありましたので、独占販売ということになれば、御社の優れた技術力を生かし、更にいろいろなニーズをご一緒に発掘できると期待したのですが……（社外　実戦ビジネス　p31）

(2) うまくアピールして高級イメージを作っていけば、受け入れられるんじゃないかねえ。（社内　実用ビジネス　p168）

(3) 深谷さんあたりにでも頼めば、こころよく引受けてくれるんじゃない？（社

表3　仮定条件の「ば」の後件の文末表現

文末表現	断定	判断	希望	意志	勧誘	疑問	依頼	忠告	計
数	11	11	2	2	2	2	1	1	32

内　実用ビジネス　p109)

　例（1）は取引先に対して勧誘を行うときに使用されるものである。前件は相手に対する共同事業などへの勧誘と提案であり、後件は提案が達成した後への展望である。例（2）と例（3）は社内で提案や助言をするときに用いられ、前件で提案が実行されれば、後件の望ましい結果が生じるという予測を表している。例（1）～例（3）は前件のことがらは望ましい結果を成立させる必要条件であると読み取れよう。

　また、

(4)「営業と広報にも、その線でもってってもらうよう、徹底すればいいんじゃないでしょうか。」

　「そうですね。その点を強調すればうまくいくかもしれませんね。」

　（社内　実用ビジネス　p163)

のように相手の提案に賛成する場合に使用される用例も2例見られ、前件で相手の提案の実行を想定し、後件で「うまくいく」といった望ましい結果を推測している。

　一方、後件は望ましくないことがらである用例が4例見られる。その中で、「なければ」という形式が2例見られ、悪い結果を予測することで、あることの実行の必要性を示すときに使用されている。たとえば、

(5) まず、多様なニーズを捕捉する商品ラインナップの構築です。顧客のニーズをいち早く読んで、商品に反映させる。そうしなければこの厳しい競争の中で、シェア拡大どころかシェア確保も難しく、ジリ貧になってしまう恐れすらあります。（社外　実戦ビジネス　p43)

は「ジリ貧になってしまう」という結果を予測することで、「多様なニーズを捕捉する商品ラインナップの構築」の必要性を強調している。

　また、「前件の事態が成立すると、後件の結果が生じる」という状況の予測を相手に伝えるときに使用されるものも2例見られる。

(6) そうなれば、当社にとって別の意味で大変な脅威になるわけですが……（社

内　実戦ビジネス　p41）

次に、後件に勧誘、依頼、希望、意志がくる用例を見ていく。

(7) ほかになけれ<u>ば</u>管理者を決めましょうか。（社内　実用ビジネス　p134）

(8) 夏のキャンペーンポスターなんですが、印刷部数は1000部からご変更ないでしょうか。もしあれ<u>ば</u>、明日中にご連絡<u>いただきたい</u>、と、お伝えいただけますか？（社外　電話応対　p113）

(9) よろしくお願いします。ほかに何かありますか……なけれ<u>ば</u>これで終わり<u>たいと思います</u>。（社内　実戦ビジネス　p47）

(10) 大量にご<u>購入いただければ</u>、一台、6000円ということに<u>いたしますが</u>……（社外　商談のため　テキストガイドp15）

その用法としては、相手に依頼する場合や申し出る場合に使用され、前件である状況を想定し、後件でその状況が成立した場合の話し手の意志、希望や相手に対する要求、勧誘などを表している。

さらに、「ば」の条件文の文末制限を検討していく。後件に希望、勧誘、依頼、希望がくる用例を見ると、前件ですべて (7)「なければ」、(8)「あれば」のような状態性述語が使用されている。

一方、後件に意志の表現がくる用例は、2例とも前件に (10)「いただければ」のような動作性述語を取っているが、いずれもソルヴァン・前田 (2005)で「『ば』の使用の判定は交換条件の解釈が許容されるかどうかに関わる。交換条件とは相手の要求を受け入れる代わりに相手に出される要求であるが、聞き手の望むものを与えることが後件に現れると、条件文が交換条件として機能している。」と指摘しているように交換条件で許されるものである。例(10)は「一台、6000円の卸値をご希望であれば、大量にご購入ください」と解釈できよう。

3.2「たら」の仮定条件について

「たら」の仮定条件の用法についても、前件がどのようなことがらを示すのかと文末表現に焦点を当てて、考察することにする。その分類と用例数を表4に

表4 「たら」の仮定条件の後件の文末表現

文末表現	依頼	判断	勧誘	断定	疑問	計
数	38	19 (でしたら11)	7	2 (でしたら2)	2	68

示す。

　「たら」の後件には、依頼表現がくる用例が圧倒的多数で、38例である。また、判断、勧誘も多く見られる。一方、「ば」の条件文に多用される断定の表現は「たら」の用例では2例しか見られない。自然談話録音資料の調査の「『たら』の文末表現は判断が圧倒的に多い」という結果とは異なる傾向を示している。また、「たら」の前件を見ると、発生するかどうかが分からないことがらと発生が確実であることがらを示すものが圧倒的に多い。相手から得た情報を事実として取り上げるものも見られるが、すべて「でしたら」という形式で使用されている。

　まず、後件に依頼、勧誘を取る用例を示しておく。

（11）お時間がおありでしたら、ぜひお立ち寄りください。（社外　ビジネス会話　p100）

（12）じゃあ、お帰りになりましたら、お電話いただけますでしょうか。（社外　実用ビジネス　p72）

（13）戻りましたら、折り返しこちらからお電話させていただきましょうか？（社外　電話応対　p65）

依頼表現の38例のうち、前件に例（11）「おありでしたら」のような状態性の述語を取る用例が24例見られ、「そのような状況であれば」という意味を表している。「ば」のときと同様であり、前件において、ある状況を想定し、後件で相手に対する要求を表している。状態性の述語を持つ「たら」は「ば」に置

き換えることができる。また、「ば」の用例数が1例であるのに比べて、「たら」のほうが圧倒的に多い。ビジネスの会話場面においては、相手に依頼を行うときに、「たら」が「ば」に代わって使われる傾向が指摘できる。

　一方、「ば」と異なるのは、依頼、勧誘表現がくる用例では例（12）（13）のような動作性述語を取るものも現れている点である。「たら」は前件の述語のタイプに制限がなく、主節の文末制限が弱いことが確認された。また、そういった用例の前件はほとんど発生が確実なことがらである。たとえば、例(13)の「戻ること」が見込まれているため、「戻ったあと、こちらからお電話させていただきます」と読み取ることができる。

　次に、判断と断定の用例を考察する。用例を以下に示しておく。

(14) かねてお願いしておりました、新しく開発した当社の機械についてのご結論はいかがでしょうか。
　　ああ、その件でしたら、目下検討中なんですよ。もう少し待っていただけませんか。

(社外　実戦日本語　p139)

(15) ご融資でも、ご返済の計画が具体的に立てられるような前向きなご投資とか、仕入れや決算資金といったものでしたら、ご用立てしやすいのですが……(社外　実戦ビジネス　p32)

(16) ジャルタ社との提携が無事にできたら成功は間違いないと思われますが。(社内　実戦日本語　p79)

(17) それは分かりますが、今までと同じようなことをしていたら、うちも発展しないじゃないんでしょうか。(社内　商談のため　テキストガイド　p44)

判断と断定の用例では、例（14）、(15)のような「でしたら」という形式の使用が顕著である。判断の19例のうち、11例見られ、断定は2例とも「でしたら」の形で用いられている。また、すべての用例は社外の会話場面で使用されているものである。その用法としては、主に取引先の発話から受け取った

情報を事実として取り上げ、それについて事実を伝えたり、自分の判断を述べたりする場合に使われている。その中、「たら」は仮定を表すというより提題的な機能を果たしている場合がある。例（14）は相手が話したことを「その件」で提示して、それについて、「目下検討中なんです」という事実を伝達している。益岡隆志（1997）は、「『なら』は名詞に後続するとき、提題的な機能を持つことがある」と指摘している。主題を表す「でしたら」は「なら」で言い換えが可能である。

　また、「でしたら」は前件が発生しうることを示し、「仮に……である場合は」という意味を表す場合もある。たとえば、例（15）は「仮にご返済の計画が前向きな投資とか、仕入れや決算資金といったものである場合は、ご融資しやすいのです」と解釈できる。その用法としては、主に取引先の要求に応じるために提案や助言をするときに用いられる。また、そういった用法の「でしたら」は「なら」「であれば」と言い換えることが可能と考えられる。

　ちなみに、今回の調査資料では、「であれば」の用例が1例のみである。ビジネス会話の社外場面では、「でしたら」は「であれば」に代わって用いられているのではないかと推測される。

　（18）もし、3.5％が可能であれば、すぐにでも話が進められるものですから
　　　……何とかお願いできないでしょうか。（社外　実戦ビジネス　p13）

　さらに、「でしたら」の用例を除外して、残りの8例を考察すると、自然談話録音資料と同様に、主にある状況がまだ成立していない場合に結果を予測しているものである。また、後件がいい結果だけでなく、例（17）「発展しない」のようなマイナス価値を表すものもある。

3.3 「と」の仮定条件について

　「と」の用例では、前件はまだ発生していないことだけでなく、例（19）と例（20）のようなすでに発生している事態に基づいた仮定の表現が多く見られる。

　（19）今のように規格がばらばらだと、使いにくいし、生産コストも高くな

ります。(社外　ビジネスのため　テキストガイド　p33)
(20) 仕事の飲み込みは早いし、質問もよくします。積極的なやつですね。このぶんだと、かなりの戦力になるかもしれません。(社内　実用ビジネス　p 147)

さらに、「と」の後件の文末表現を考察すると、断定（8例）、判断（9例）の表現に限られている。なお、後件で断定、判断している内容はほぼ以下の例(21)(22)のようなマイナスのものである。ビジネス会話教科書において、「と」は主に「ある事態が起きるかまたは今の状況を続けると、望ましくない結果が生じる」という予測で、相手に懸念を示す場合に使用されると言えよう。また、「ないと／ませんと」という形を使用している用例が6例見られ、悪い結果を予測することで、相手に懸念を示したり、あることの実行の必要性を強調したりする場合に使われている。自然談話録音資料と同じように、「ないと／ませんと」の使用数は「なければ」より多い。「と」の仮定条件の使用傾向は自然談話録資料とほぼ同様であると言えよう。

(21) 早くしていただかないと、全社的に業務に支障をきたすことになりますので……(社内　実戦ビジネス　p23)
(22) ご返済の見込みがはっきりしませんと、なかなか条件的に通らないものですから……(社外　実戦ビジネス　p33)

3.4「なら」の仮定条件について

「なら」の接続と文末表現を表5に示しておく。

まず、文末表現を見ると、判断が最も多く、断定、意志、依頼も見られるが、数は少ない。また、「なら」の接続を見ると、主に「名詞＋なら」の形で使用されている。

さらに、ビジネス会話教科書において、「なら」の仮定条件は、自然談話録音資料と同様に、前件で聞き手から受け取った情報と相手の様子から想像できることを事実として取り上げる用法と、発生しうることがらを取り上げる用法の

表5　「なら」の仮定条件の分類

文末表現 前件	判断	断定	意志	依頼	計
名詞＋なら	8	3		1	12
形容詞＋なら				1	1
動詞＋なら			2		2
計	8	3	2	2	15

2つ用法に分けられる。

　前件で聞き手から受け取った情報と相手の様子から想像できることを事実として取り上げるものが9例見られ、主として、

(23) 一気に30％というと、ほかへの影響も懸念されますので、第一段階としては15％前後の持ち株比率にして、しばらく様子を見るというのは……まあ、その程度ならほかの大株主もいることだし、ワールドへの牽制にもなるか……（社内　実戦ビジネス　p41）

(24) 商品の性格からいっても、ジュースの発売は春が常識ですし、東京支店が5月なら、全国一斉に5月にしていただけないんですかね。（社内　実戦日本語　p91）

のように聞き手から得た情報を真であると仮定して、自分の判断と意向および相手への要求を表すときに使用される傾向が認められる。

　次に、発生しうることがらを取り上げる用法は6例見られ、

(25) 8万円にしたらどうですか。10万円以下なら、一般の人にも手が届くでしょう。（社内　商談のため　テキストガイドp29）

のように社内の会話場面で、提案するときや勧めるときに使用されている。前

件が「名詞＋なら」という形で「仮に……の場合は」を表し、後件が断定と判断の表現を使用しており、話し手の判断や予測を表している。

「名詞＋なら」で使用される「なら」は「でしたら」に置き換えることが可能と考えられる。ただし、今回の調査資料においては、「名詞＋なら」はすべて社内の会話場面で使用されているのに対して、「でしたら」は社外の会話場面で用いられている。ビジネス会話においては、「名詞＋なら」は主に社内の会話場面であり、「名詞＋でしたら」は社外の人物に対する対者敬語として丁寧語の「です」を用いるため主として社外で使用されるのではないかと推測される。

4　慣用的用法

4.1「ば」の慣用的用法について

「ば」の慣用的用法の形式と用例数を表6に示す。

自然談話では、「ば」で文を終止したという言いさしの形で相手に助言したり、指示したりする用法があるが、今回の資料では見当たらない。

まず、「いい」「よろしい」と共起する用法を考察する。「〜ばいい」は、

(26) 読んでも分からないところは、どうすればいいですか。（社内　IT業務　p38）

(27) 辞書にない言葉は、私に聞けばいいですから。（社内　IT業務　p110）

のように、社内の会話場面では、聞き手の助言を求める場合または助言するときに多用されている。

次に、「よろしい」と共起する用例を見てみると、

(28) かしこまりました。いつまでにお返事させていただければよろしいでしょうか。（社外　電話応対　p108）

のような相手の都合などを尋ねる場合に使用されている。

さらに、自然談話で見当たらない「助かる」「ありがたい」「幸い」という話し手の期待、満足を表す語と共起する例が見られる。

表6 「ば」の慣用的用法の形式と数

形式	数	計
〜ばいい	9	14
〜ばよろしい	5	
〜ばありがたい	2	13
〜ば幸い	1	
〜ば助かる	1	
〜ばと思う	4	
〜ばと考える	1	
〜ば	4	
なければ困る	1	1
よろしければ	8	13
もしよろしければ	2	
できれば	2	
お差し支えなければ	1	
計	41	

(29) ひとつお聞きしてもよろしいですか。広告の期間について、部長のお考えを聞かせていただければありがたいと思います。(社内　実戦日本語 p70)

(30)「貴重なお話でした。今日は、お忙しいところお時間をいただきましてありがとうございます。」
「いいえ、どういたしまして。お役に立て<u>ば幸い</u>ですが。」(社外　実戦ビジネス　p35)

　このうち、例(29)は聞き手に何か頼みごとをするときに使用し、相手が実行してくれたらとても嬉しいという意味を表現している。また、例(30)では相手に有益な情報などを提供した後に使用され、相手のお役に立つことを期待する気持ちを表している。

　以上と同じ用法で用いられる「～ばと思います」(4例)、「～ば」(4例)、「～ばと考えます」(1例)が計9例見られる。

　一方、マイナス評価の意味としては、「～なければ困る」という形が1例現れており、

(31) いずれにしても、このような話は慎重に取り扱ってもら<u>わなければ困るよ</u>。(社外　ビジネス日本語　p131)

のように警告、忠告が含意されている。

　前件が「よろしければ」のような連語的な構成となっている用例が13例現れている。各形式と共起している文末表現を表7に示す。

表7

形式 \ 文末表現	勧誘	意志	依頼	義務 必要	計
よろしければ	5	3			8
もしよろしければ	1		1		2
できれば			1	1	2
お差し支えなければ			1		1
計	6	3	3	1	13

表7にあるように、「よろしければ」という形が最も多く使用され、勧誘と意志が共起する傾向がある。その用法としては、

(32) では、よろしければわたしのほうから、この後すぐに谷口主任に話を通してみましょうか。(社内　実戦ビジネス　p9)

(33) よろしければ、終わり次第こちらからかけ直させますが、いかがでしょうか。(社外　電話応対　p37)

のように申し出るときまたは提案するときに使用されている。

一方、次のような相手に対して依頼を行う場合には、「もしよろしければ」「できれば」「お差し支えなければ」が用いられている。

(34) 申し訳ないですが、お差し支えなければ、メモか何か入れていただくわけにはいかないでしょうか？(社外　電話応対　p125)

例（32）～例（34）から、4つの形式とも相手の都合や気持ちに対する配慮を表し、確定の判断を相手に委ねる表現であり、相手への心理的負担を軽減するという機能を持っていると指摘できよう。

4.2 「たら」の慣用的用法について

表8（次ページ）に示したように、「たら」の慣用的用法では、「たらどう」／「たらいかが」および「できましたら」のような連語的なものが多く見られる。しかし、自然談話録音資料に見られる「たら」で文を終止した言いさしの形で相手に助言したり、指示したりするものは見当たらない。

まず、「～たらいい」と「～たらよろしい」の2形式はそれぞれ2例のみであり、「ば」のときと同じく、相手に対して助言するときまたは助言を求めるときに使用されている。

また、「～たら助かる」（1例）、「～たらと思う」（3例）は計4例が使用されており、「ば」と同じように事態の実現を待望していることを迂回的に表す表現である。

さらに、前件が連語的な構成であるものを見ていく。

表8 「たら」の慣用的用法の形式と数

形式	数	計
〜たらいい	1	2
〜たらよろしい	1	
〜たらどう	10	11
〜たらいかが	1	
〜たら助かる	1	4
〜たらと思う	3	
できましたら	6	9
もしできましたら	1	
よろしかったら	2	
計	26	

表9

形式 \ 文末表現	依頼	勧誘	計
できましたら	6		6
もしできましたら	1		1
よろしかったら	1	1	2
計	8	1	9

　表9に示されるように、「できましたら」という形式が最も多く使用されている。なお、3形式とも主として、

(35) ということで、できましたら明日の午後までに、出席されるかどうか、ご連絡いただけますでしょうか。（社外　電話応対　p128）

のように依頼表現の前に使用することにより、直接的な表現を避け、柔らかい印象を与えることができる。

一方、「ば」の用例では見られない「どう」「いかが」と共起している用例が11例見られ、

(36) したがって、さきほど、私が申し上げましたようにマリーリサーチのレポートを早急に取り寄せて、十分検討したうえで判断をするということにしたらどうでしょうか。（社内　実戦日本語　p74）

のように提案するときに用いられている。

4.3 「と」の慣用的用法について

表10に示されるように、嬉しい気持ちを表す語と共起し、願望を表す用例が5例見られる。「困る」と共起している用例も5例見られ、ほとんどが、

(37) 今後このようなことがあると困るんですが…。（社内　ビジネス会話　p77）

のように「……しないでほしい」という意味を表し、社内の会話場面で、相手に警告するときに使用されている。

一方、自然談話録音資料に見られる「〜といい」という形式は見当たらない。

表10　「と」の慣用的用法の形式と数

形式	数	計
〜と助かる	3	5
〜とありがたい	2	
〜と困る	5	5
計	10	

5 一般条件の「と」と「ば」

「と」と「ば」の用例では、一般条件の用法が見られる。しかし、自然談話資料の調査の「一般条件は主に『と』によって表される」という結果と異なっており、「と」と「ば」の使用数が同様である。

また、使用場面を見ると、自然談話録音と同様に、「ば」は主に例(38)のような操作の指導をする場面で使用されているのに対して、「と」は例(39)のように業務や操作を説明する場合に使用されている。

(38) そして、WPとタイプすれば初期画面が出てきます。(社内　実用ビジネス　p126)

(39) 決算書がないと、ビザが出せないそうです。(社内　IT業務　p109)

6 前置きの「と」と「ば」

自然談話録音資料では、「と」の前置きの用法が圧倒的に多く、「たら」と「ば」が若干見られる。それに対して、ビジネス会話教科書では、前置きの「と」と「ば」の使用数に大差がなく、前置きとして使用された「たら」が見当たらない。

「と」と「ば」の前置き用法では、自然談話録音資料と同じように「言う」からなるものが最も多く、「考える」「見ます」「からする」も若干見られる。しかし、ビジネス会話教科書では、「言う」に後続したものは主に、

(40) 一気に30％というと、ほかへの影響も懸念されますので、第一段階としては15％前後の持ち株比率にして、しばらく様子を見るというのは……(社内　実戦ビジネス　p41)

(41) 確かに楽観的にいえば楽観的かもしれないけど、でもいくらなんでも8がけっていうのはねえ……。(社内　実用ビジネス　p164)

のように話題を提示したり、表現形式について注釈したりしている。自然談話

表11 「と」の前置き用法の形式と数

形式	数
言うと	3
比べると／比べますと	2
考えると	2
勘定すると	1
見ますと	1
からしますと	1
計	10

表12 「ば」の前置き用法の形式と数

形式	数
言えば／言わせていただければ	6
からすれば	1
考慮すれば	1
計	8

録音資料で多用されている、「疑問詞＋かというと」の形式で次に述べる内容を予告するものは1例も見当たらない。

7　事実条件の「たら」

　ビジネス会話教科書は自然談話と同じように、事実条件がすべて「たら」で表されている。前件のことがらを行った場面で、後件のことがらが起こったま

たは後件のことがらを発見したという自分の体験した事実を伝える場面で使用されている。

(42) お待たせいたしました。久保田を呼びに参りました<u>ら</u>、もう今ミーティングから戻ってくるそうです。(社外　電話対応　p89)

8　まとめ

本章では、ビジネス会話教科書における条件表現の使用状況と用法の傾向について以下の点を明らかにした。

① ビジネス会話教科書では、条件表現の4形式のうち、「ば」と「たら」が多用され、「と」も少なくないが、「なら」の使用は希少である。
② 「たら」は仮定条件として最も多用されており、慣用的用法も多く使用されている。事実条件も見られるが、数は少ない。「たら」は主に仮定条件の用法で相手に依頼する場合に使われている。前件である状況を想定し、後件で相手に対する依頼を表している。一方、「たら」の仮定条件は予測を伝えるときにも使用されている。なお、「名詞＋でしたら」は提題的機能が働く場合がある。
③ 「ば」は慣用的用法と仮定条件が多く使用され、一般条件と前置きが少ない。「ば」は相手に対して、勧誘を行う場合および提案をする場合に最も多用されている。それらの場合には、実行の必要性を表すのに仮定条件が多く使用されている。また、仮定条件は望ましくない結果を予測することで相手に注意喚起をする場合と予測を伝達する場合にも使用されている。「〜ばいい」や「よろしければ」などの慣用的表現も勧誘と提案の場面に使用されている。また、相手に依頼するとき、主に「〜ばありがたい」や「〜ばと思う」のような表現が用いられている。
④ 「と」は「現状に基づいて望ましくない結果を予測する」という用法で相手に警告したり、懸念を示したりするときに多く使用されている。特に、「〜ないと」と慣用的表現の「〜と困る」の2形式が多く使用されている。

⑥ 「なら」は主に、前件で聞き手から得た情報と聞き手の様子から想像できることを真であると仮定する用法と前件で発生しうることがらを仮定して提示する用法で、自分の判断または相手に対する要求や勧めを表す場合に使用される。また、「名詞＋なら」という形が最も多く使用され、「名詞＋でしたら」に置き換えが可能と考えられる。ただし、「名詞＋でしたら」が主に社外の会話場面で使用されているのに対して、「なら」は社内で使用されているようである。

⑦ 自然談話録音資料のビジネス場面で使用されているが、教科書のビジネス会話では見当たらないものとしては、I 提案するときに使用される「たら」「ば」で文を終止したもの、II 相手から得た情報を真であると仮定する場合に使用される「の（ん）であれば」、「の（ん）だったら」の2形式、III 反事実的なことがらを仮定する場合に使用される「ば」、iv「たら」による前置き表現、v「といい」という慣用的表現、vi「疑問詞＋かというと」という前置き表現が挙げられる。

第 3 部

商法における条件表現

第6章　商法における条件表現
－「商法」と「会社法」を資料として－

1　はじめに

　ビジネスのグローバル化に伴い、多くの日本企業が高度な外国人人材の採用・育成を急いでいる。また、日本で起業して会社を経営する外国人も増えている。外国人が日本のビジネス社会で活躍するには、ビジネスに必要な日本語能力とテクニカルスキルなどのビジネススキルはもとより、ビジネス関連の法律の基礎知識を身につけることも必要であり、特に企業に関する法である商法を学ぶことはきわめて重要であると考えられる。日本企業や日本企業と取引する企業で仕事をする時に商法の規定を確認する場面がありうるので、日本語学習者はその時に備えて商法を学習しておくとよいと考えられる。

　商法の中では、「場合」「とき」「ば」の3つの形式の多用が顕著である。また、「場合」と「とき」の用法は、名詞としての意味「時点」「ある時、状況」を表すというより、条件表現と近い意味を表している。日本語の条件表現は他の言語ではあまり見られないさまざまな形式を有しているため、日本語学習者にとって理解が困難である。学習者に商法を正確に理解させるために、商法の条文を材料とし、実態調査を行って、「とき」「場合」「ば」を中心に、商法の条件表現の様相を明らかにすることが必要であると考えられる。

　そこで、本章では、商法における条件表現の使用状況を解明するために、総務省法令データ提供システム[1]を利用し、商法の中心となる「商法」と「会社法」の2つの法律の条文を調査して、「とき」「場合」「ば」の3つの条件表現を中

心に考察を行って、「商法」の口語化された条文と「会社法」の条件表現の使用状況と用法の傾向を探る。

2　商法の定義と構成

　商法の定義と分野について、伊藤（2015）は「商法には、形式的意義の商法と実質的意義の商法と2つの意義がある。形式的意義の商法とは、「商法」という法律を意味する。一方、実質的意義の商法は、一般的に、企業に関する法律と言われている。その中心となる法律は、会社法、商法、手形法、小切手法の4つである。」(p1) と説明している。本章では、その中の「商法」と「会社法」の2つの法律を考察対象とする。

　また、「商法」と「会社法」の構成について、伊藤（2015）[2]を参考にして以下のようにまとめてみる。

　「商法」という法律は1899年（明治32年）の制定以降、大規模、小規模の改正を重ねて現在に至っている。「商法」は第1編総則（1条―32条、33条―500条は削除）、第2編商行為（501条―628条、629条―683条は削除）、第3編 海商（684条-851条）で構成されている。この中、1条―540条（33条―500条は削除）は2005（平成17）年に口語化されたが、541条〜851条（629条―683条は削除）は文語体である。

　「会社法」は2005年に大幅な改正を受けた。従来は、商法の中に会社法に関する規定がおかれ、さらに有限会社という特別法も規定されていた。この改正は、商法の中から会社に関する規定を独立させ、会社法という独立の法律とした。「会社法」は第1編総則、第2編株式会社、第3編持分会社、第4編社債、第5編組織変更、合併、会社分割、株式交換及び株式移転、第6編外国会社、第7編雑則、第8編罰則の8編で、全979条が構成されている。

3 先行研究

3.1 「とき」と「場合」について
3.1.1 「とき」と「場合」についての先行研究

「とき」について、塩入 (1995) は「『ときは』『ときには』の両形式に仮定条件の用法が現れやすい」と指摘している。庵他 (2000) には「ときは」について、「前件が成り立つ時には、後件の事態がよく起こる」「一種の条件表現」という説明になっている。

「場合」については、市川 (2007) は、「『場合』は起こる可能性のあるいくつかの状況の中から一つだけを取り上げて、それを問題にするときに使う。起こりえる状況の中から一つだけを取り上げるという点では、『〜たら』の意味合いを持つ。このときは『〜場合は』になることが多い。」(p442) と説明している。

以上の先行研究が指摘しているように、「とき」と「場合」は条件を表す場合があることが明らかである。

3.1.2 法律用語辞書類の記述

『図解による法律用語辞書』　自由国民社　2013 補訂 4 版追補版

　「場合」も「とき」もどういうことがあったらどうするという仮定的条件を表すことばで普通の用例では意味上の差はない。法定上も、一般的には区別をつけずに「申告した場合」とも、「申告したとき」とも混用されている。仮定的な条件が二つ重なる場合は、大きい方の条件に「場合」を、小さい方の条件に「とき」を用いることになっている。(p859)

『法律類語難語辞典』新版　林　大 (編集) 山田　卓生 (編集) 有斐閣　1998 年
　「とき」と「場合」は、いずれも、仮定の条件が一個の場合に用いられるが、その用いられる前後の文章の関係からその都度の語感でいずれか選択

されており、特別の差はない。どちらかというと、「場合」は重々しいニュアンスがあると言えよう。これに対して、仮定の条件が二個重なるときは、大きな条件に「場合」を、小さな条件に「とき」を用いる。(p171)

　法律用語辞書の記述をまとめると、法律では、「とき」と「場合」は、いずれも仮定の条件を示すことばで、特別の差はない。一方、この2表現の違いとしては、仮定の条件が2つ重なる場合、大きな条件を「場合」で表し、小さな条件を「とき」で表すのが通例であることと、「とき」と比べると「場合」は重々しいニュアンスがあることが挙げられる。

3.2 法律条文における条件表現についての研究

　法律条文における条件表現についての研究は、中村（2014）が挙げられる。中村（2014）は「場合」が構成する条件表現、「とき」が構成する条件表現、仮定形＋「ば」で構成する条件表現、重なって現れる条件表現の4分類に分けて、日本国憲法の条件表現の様相を解明した。本章では、中村（2014）の分類と定義を参考にしながら、考察を行う。

4　口語化された「商法」と「会社法」における条件表現

　口語化された「商法」の条文と「会社法」の条文に見られる条件表現について考察していく。「商法」の条文の1条－540条が2005（平成17）年に口語化されたが、33条－500条が削除されたので、本章では、「商法」の1条－32条と501条－540条、計72条の条文及び「会社法」の全979条を考察対象とする。

4.1 条件表現の使用状況

　口語化された「商法」と「会社法」における条件表現の使用状況を明らかに

表1 「商法」と「会社法」の条文における条件表現の使用状況

形式		商法	会社法	計
場合	場合は		106	106
	場合には	10	573	583
	場合において	14	413	427
	場合においては	1	84	85
	場合を除き	3	57	60
	場合に限り	1	21	22
	計	29	1254	1283
とき	ときは	61	1176	1237
	ときを除き		5	5
	ときに限り		2	2
	計	61	1183	1244
ば	なければ	6	82	88
	すれば		23	23
	あれば		2	2
	計	6	107	113
計		96	2544	2640

するために、「とき」「場合」「と」「ば」「たら」「なら」「ては」の7つの条件表現を取り上げて、総務省法令データ提供システムを利用し、口語化された「商法」の条文と「会社法」の条文の電子データを検索した。各条件表現の形式及び用例数を表1に示す。

口語化された「商法」の条文と「会社法」における条件表現の使用状況については、まず全体的に見ると、両方とも、「場合」、「とき」、「ば」の3つの条件表現が見られる。一方、「と」「たら」「なら」「ては」の4つの表現は皆無である。また、そのうち、「ときは」という形式が圧倒的に多く、「場合には」、「場合においては」の2つの形式も多用されている。しかし、「会社法」では、「場合」と「とき」は両方とも多用されているが、「商法」では、「場合」の用例は「とき」の半分にも至らない。

「場合」が構成する条件表現については、中村（2014）では、「場合には」「場合を除いては」「場合は」「場合において」の4つの形式が挙げられている。一方、「商法」と「会社法」の条文には、両方とも「場合には」「場合において」「場合においては」「場合を除き」「場合に限り」の5つの形式が見られるが、「会社法」に見られる「場合は」という形式が「商法」では用いられていない。また、中村（2014）が挙げている「場合を除いては」「場合に」の2つの形式は皆無である。

「とき」が構成する条件表現については、中村（2014）では、主に「ときは」について考察している。一方、「商法」と「会社法」においては、「ときは」も最も多用されているが、「会社法」の条文には「ときを除き」、「ときに限り」の2つの形式が僅かながら見られる。

「ば」が構成する条件を考察すると、「商法」には「なければ」という形式しか見られないのに対して、「会社法」には「なければ」「すれば」「あれば」の3つの形式が使用されている。

4.2 「場合」と「とき」について
4.2.1 「ときは」と「場合には」

まず、商法では多用されている「ときは」と「場合には」と2形式について考察していく。

条件形式「ときは」については、中村（2014）は「動詞の連体形に接続する『ときは』」、「動詞が完了の助動詞「た」の連体形を伴って接続する『ときは』」、「そ

表2 「ときは」の上接語

上接語	商法	会社法	計
辞書形	14	636	650
タ形	32	326	358
ている	3	74	77
〜ない（動詞の否定形）	4	72	76
ない（形容詞）	2	39	41
〜なかった（動詞の過去否定形）	7	28	35
〜の		1	1
計	61	1176	1237

のほかの連体修飾語につく『とき』（ないとき、のとき）」の３つの部分を中心に考察を行っている。

　商法における「ときは」の使用状況はどうであろうか。「商法」に61例、「会社法」に1176例で、計1237例見られる。本章では「ときは」の用例を上接語によって「辞書形」、「タ形」、「ている」、「〜ない」（動詞の否定形）、「ない」（形容詞）、「〜なかった」（動詞の過去否定形）、「〜の」に7分類して、各形式の用例数を表2に示す。

　全体的に見ると、「辞書形」と「タ形」が多用されているが、「商法」と「会社法」を比較すると、「商法」には、「辞書形＋ときは」より「タ形＋ときは」のほうが多く見られるのに対して、「会社法」には、「辞書形＋ときは」のほうが多用されている。

　次に、「場合には」を用いている条文は、「ときは」と同じく、上接語によって7分類した。各形式の数を以下の表3に示す。

表3 「場合には」の上接語

上接語	商法	会社法	計
辞書形	5	337	342
タ形	5	181	186
ている		8	8
～ない（動詞の否定形）		10	10
ない（形容詞）		3	3
～なかった（動詞の過去否定形）		1	1
～の		33	33
計	10	573	583

　表3にあるように、全体的に「辞書形」が最も多く使用され、「タ形」がそれに次いで多用されている。ただし、「会社法」に7種類の上接語が見られるのに対して、「商法」には「辞書形」と「タ形」の2つの接続しか見当たらない。
　さらに、「ときは」と「場合には」の2形式の上接語の傾向について比較する。両方とも「辞書形」の使用が最も多く、「タ形」も多く見られる。一方、相違点としては、「ときは」に比べて、「ている」に接続している「場合には」は稀である点と、「～の」に接続している「場合には」が33例見られるが、「ときは」は1例しかない点が挙げられる。
　そこで、各接続について考察していく。まず、辞書形に接続する「ときは」について考察する。中村（2014）では「動詞の連体形に接続する『とき』」として提示し、「時間的には、まだその段階に至っていない場面を想定して、それと限定していう表現」と定義している。辞書形に接続する「ときは」は仮説的な条件を表すと言えよう。

> 商法　第五条　　未成年者が前条の営業を行う<u>ときは</u>、その登記をしなければならない。

　第五条は未成年が前条の営業を行うことは、頻繁に発生しないが、仮に行うとしたら、その登記をしなければならないと読み取ることができる。
　次に、辞書形に接続する「場合には」の用例を見ていく。

> 商法　第十七条　　営業を譲り受けた商人（以下この章において「譲受人」という。）が譲渡人の商号を引き続き<u>使用する場合には</u>、その譲受人も、譲渡人の営業によって生じた債務を弁済する責任を負う。

　「商法」第十七条の「場合には」は「ときは」のときと同様であり、仮説的な条件を表している。第十七条は前件で「営業を譲り受けた商人が譲渡人の商号を引き続き使用する」ということを想定して限定していて、その条件のもとで、後件でどうするかについて規定する。
　また、「場合には」の上接語には「規定する」と「掲げる」の多用が顕著であり、それぞれ97例と78例見られる。それらの用例の「場合には」は「ときは」の場合とは意味が異なると考えられる。たとえば、

> 会社法　第百七十一条5　　第一項に<u>規定する場合には</u>、株式の質権者（登録株式質権者を除く。）は、同項第二号の日の前日までに、株券発行会社に対し、第百四十八条各号に掲げる事項を株主名簿に記載し、又は記録することを請求することができる。

の「場合には」は「仮説的な条件」を表すというより、条文に掲げる状況または規定を前提条件として提示している。
　一方、「規定する」と「掲げる」に接続している「ときは」は希少であり、それぞれ1例と4例見られる。しかも、5例とも「場合において」が構成する条文表現の中に、第二の条件表現として使用されている。
　動詞のタ形に接続する「ときは」については、中村（2014）は「動詞が完了の助動詞「た」の連体形を伴って接続する「ときは」として提示し、「しばしばそれに類することが発生しているが、そういうことが発生したとき、どう対処

するかを述べる前提として想定していう表現」と定義している。以下の「商法」第十条は、前件で「この編の規定により登記した事項に変更が生じ、又はその事項が消滅した」という生じる可能性の高い事情を前提条件として提示して、後件には「当事者は、遅滞なく、変更の登記又は消滅の登記をする」という対処法が示してある。

商法　第十条　この編の規定により登記した事項に変更が生じ、又はその事項が<u>消滅したときは</u>、当事者は、遅滞なく、変更の登記又は消滅の登記をしなければならない。

夕形に接続する「場合には」も起こる可能性の高い状況を限定し、前提条件として提示する場合に使用されている。

会社法　第六百七十条　持分会社が第六百六十八条第一項の財産の処分の方法を<u>定めた場合には</u>、その解散後の清算持分会社の債権者は、当該清算持分会社に対し、当該財産の処分の方法について異議を述べることができる。

次に、「ている」に接続しているものを考察していく。「ときは」が「ている」に後接しているものが77例見られ、ほとんどは以下の「商法」第五百三十九条のように「〜作成されているときは」として使用されている。それに対して、「場合には」は8例と少ない。しかも、8例とも「会社法」第三十七条2のように「単元株式数を定款で定めている場合には」として使用されている。「作成されているとき」と「単元株式数を定款で定めている場合には」は商法の慣用的な用法ではないかと推測される。

商法　第五百三十九条　匿名組合員は、営業年度の終了時において、営業者の営業時間内に、次に掲げる請求をし、又は営業者の業務及び財産の状況を検査することができる。

一　営業者の貸借対照表が書面をもって作成され<u>ているときは</u>、当該書面の閲覧又は謄写の請求

会社法　第三十七条2　発起人は、発行可能株式総数を定款で定め<u>ている</u>

場合には、株式会社の成立の時までに、その全員の同意によって、発行可能株式総数についての定款の変更をすることができる。

　以上の２つの用例の前件は、それぞれ、「営業者の貸借対照表が書面をもって作成されているなら、そのときは」、「発起人は、発行可能株式総数を定款で定めているなら、そのときは」と読み取ることができる。後件は、前件の状況のもとでは、どうなるかを述べている。

　さらに、「ない」「〜ない」「〜なかった」に接続するものの用例を以下に示す。

　　商法　第一条２　商事に関し、この法律に定めがない事項については商慣習に従い、商慣習が<u>ないときは</u>、民法（明治二十九年法律第八十九号）の定めるところによる。

　　商法　第五百二十四条　商人間の売買において、買主がその目的物の受領を拒み、又はこれを受領することができ<u>ないときは</u>、売主は、その物を供託し、又は相当の期間を定めて催告をした後に競売に付することができる。

　　商法　第五百三十一条　当事者が相殺をすべき期間を定め<u>なかったときは</u>、その期間は、六箇月とする。

　「商法」第一条２の「商慣習がないときは」は「商慣習がなかったら、そのときには」と言い換えることができる。「商法」の第五百二十四条の「受領することができないときは」は「受領することができなかったら、そのときには」、第五百三十一条の「期間を定めなかったときには」は「期間を定めなかったら、そのときには」と解することができる。いずれも前件である状況を想定して、後件でどうなるかまたはどう対処するかを規定している。また、「ない」「〜ない」「〜なかった」に接続する「場合」の用法は「とき」とほぼ同様である。

　さらに、「〜の」に後接しているものについて考察していく。「場合には」が「〜の」に接続しているものが、33例見られ、いずれも前の条文に掲げる状況または規定を取り上げて、前提条件として提示している。たとえば、以下の「会社法」第百九十六条２は前項の「株式会社が株主に対してする通知又は催告が五年以上継続して到達しない」という状況を「前項の場合には」で提示して、以下そ

れに対する補足的な説明を述べている。

　その一方、「～のときは」は第四百二十条の 1 例しか見られず、条文に掲げる規定を前提条件として提示するものではない。

　条文に掲げる事情と規定を前提条件として提示する場合、「とき」より「場合」を選択する傾向があると考えられる。この原因は、『法律類語難語辞典』に記述されている「場合は重々しいニュアンスがある」にあるのではないかと推測される。

　　会社法　第百九十六条　株式会社が株主に対してする通知又は催告が五年以上継続して到達しない場合には、株式会社は、当該株主に対する通知又は催告をすることを要しない。
　　2　前項の場合には、同項の株主に対する株式会社の義務の履行を行う場所は、株式会社の住所地とする。
　　会社法　第四百二十条　取締役会は、執行役の中から代表執行役を選定しなければならない。この場合において、執行役が一人のときは、その者が代表執行役に選定されたものとする。

4.2.2　「場合においては」と「場合において」

　「場合においては」という形式は「商法」に 1 例、「会社法」に 84 例見られ、いずれも「この場合においては」の形で使用されている。

　　会社法　第百七十一条　全部取得条項付種類株式（第百八条第一項第七号に掲げる事項についての定めがある種類の株式をいう。以下この款において同じ。）を発行した種類株式発行会社は、株主総会の決議によって、全部取得条項付種類株式の全部を取得することができる。この場合においては、当該株主総会の決議によって、次に掲げる事項を定めなければならない。

　「会社法」第百七十一条では、前文で掲げる「全部取得条項付種類株式を発行した種類株式発行会社は、株主総会の決議によって、全部取得条項付種類株式の全部を取得することができる」を「この場合」で提示して、以下それに対す

る付加的な規定を述べている。「場合においては」は前の条文で規定されている事項を受けて、それを条件として提示する場合に使われている。

次に、「場合において」について考察を行う。「場合において」は「商法」に14例、「会社法」に413例、計427例見られ、主に「ときは」が構成する条件文の中に用いられている。しかし、中村 (2014) の『「場合において』の用例がすべて『とき』が構成する条件表現の中に用いられている」という指摘とは異なり、ほかの条件表現と共起していないものも110例見られる。それらの用例は主に前提条件として使用されている。たとえば「商法」の第三条2の「当事者の一方が二人以上ある場合」は以下の「その一人のために商行為となる行為」の前提となっていると言えよう。

また、110例のうち、87例が次の「会社法」第八百十七条 のように、「この場合において」という形式で使用されている。「この場合においては」と比較すると、両方とも前の条文で規定されている事項を受けて、それを条件として提示する場合に使われているが、「この場合において」は限定の意味が弱いと考えられる。

　　商法　第三条2　当事者の一方が二人以上ある<u>場合において</u>、その一人のために商行為となる行為については、この法律をその全員に適用する。

　　会社法　第八百十七条　外国会社は、日本において取引を継続してしようとするときは、日本における代表者を定めなければならない。<u>この場合において</u>、その日本における代表者のうち一人以上は、日本に住所を有する者でなければならない。

4.2.3 「場合を除き」と「ときを除き」

「場合を除き」という形式は、「商法」に3例、「会社法」に57例で、計60例見られる。用例を以下に示す。

　　会社法　第三百四十八条2　取締役が二人以上ある<u>場合には</u>、株式会社の業務は、定款に別段の定めがある<u>場合を除き</u>、取締役の過半数をもって決

定する。

「会社法」第三百四十八条 2 は「定款に別段の定めがある場合」という状況を例外として、「取締役が二人以上ある」という条件のもとでは、通常「株式会社の業務は取締役の過半数をもって決定する」ことが成立するという意味を表している。「場合を除き」はある事情を例外とする場合に使用されている。また、60 例のうち、他の条件表現と併用しているものが 29 例見られる。

一方、「ときを除き」が 5 例と少なく、しかもそのうちの 3 例が「場合には」が構成する条件文の中に使用されている。「ときを除き」の用法は「場合を除き」とほぼ同様である。例文を以下に示す。

> 会社法　第二百九十八条 4　取締役会設置会社においては、前条第四項の規定により株主が株主総会を招集する<u>ときを除き</u>、第一項各号に掲げる事項の決定は、取締役会の決議によらなければならない。

4.2.4 「場合に限り」と「ときに限り」

「場合に限り」は「会社法」には 21 例見られるが、「商法」には 1 例しか見当たらない。用例を以下に示しておく。

> 会社法　第四百六十条 2　前項の規定による定款の定めは、最終事業年度に係る計算書類が法令及び定款に従い株式会社の財産及び損益の状況を正しく表示しているものとして法務省令で定める要件に該当する<u>場合に限り</u>、その効力を有する。

「会社法」第四百六十条 2 は、「前項の規定による定款の定めは、法務省令で定める要件に該当しなければ、その効力を有しない」という裏の意味を包含している。「法務省令で定める要件に該当する」は「譲渡すること」の成立の必要十分条件と言える。「場合に限る」はある状況を限定して、後件の事態成立の必要十分条件とする表現であると考えられる。

一方、「ときに限り」は「商法」には 1 例も見当たらない。「会社法」には 2 例見られるが、2 例とも「場合には」が構成する条件表現の中に用いられている。

4.2.5 慣用的な文型

「場合は」という形式が「商法」の条文に見当たらないが、「会社法」には 106 例見られ、すべて「ただし、〜、この限りでない」という文型の中に使用されている。一方、「ただし、〜、この限りでない」が「ときは」と併せ用いられているものが、「商法」に 7 例、「会社法」に 71 例で、計 78 例見られる。

会社法　第百六十二条　第百六十条第二項及び第三項の規定は、株式会社が株主の相続人その他の一般承継人からその相続その他の一般承継により取得した当該株式会社の株式を取得する場合には、適用しない。ただし、次のいずれかに該当する場合は、この限りでない。

会社法　第十八条の二　譲渡人が譲受人に承継されない債務の債権者（以下この条において「残存債権者」という。）を害することを知って営業を譲渡した場合には、残存債権者は、その譲受人に対して、承継した財産の価額を限度として、当該債務の履行を請求することができる。ただし、その譲受人が営業の譲渡の効力が生じた時において残存債権者を害すべき事実を知らなかったときは、この限りでない。

また、「ただし、〜、この限りでない」という文型が使用されている文例の半分以上は、「会社法」第十八条の二と第百六十二条のように、前文にも条件表現が用いられている。前文にある状況を仮定していて、その条件のもとで、以下、どう対処するかが述べられている。後に来ている「ただし、〜ときは、この限りでない」はある例外的な状況を提示して、前文の規定を適用しないことを示している。

次に、「会社法」と「商法」の条文には「〜、適用しない」という文型もしばしば見られる。条件形式「場合には」と併せ用いられているものが 49 例である。それに対して、「ときは」と共起しているものは 5 例と少なく、5 例とも第百六十一条のように、「場合において」が構成する条件表現の中に用いられている。

会社法　第百六十五条　第百五十七条から第百六十条までの規定は、株式

会社が市場において行う取引又は金融商品取引法第二十七条の二第六項に規定する公開買付けの方法（以下この条において「市場取引等」という。）により当該株式会社の株式を取得する<u>場合には</u>、<u>適用しない</u>。

会社法　第百六十一条　前条第二項及び第三項の規定は、取得する株式が市場価格のある株式である<u>場合において</u>、当該株式一株を取得するのと引換えに交付する金銭等の額が当該株式一株の市場価格として法務省令で定める方法により算定されるものを超えない<u>ときは</u>、<u>適用しない</u>。

「～場合には／ときは、適用しない」は前の条文の規定に対する除外例を提示する場合に使用されている。

「ただし、～、この限りでない」と「～、適用しない」の2文型とも、「とき」より、「場合」との共起のほうが頻繁である。例外的な状況を取り上げて、対比したりするときは、「場合」が用いられる傾向があると指摘できよう。

4.3「ば」について

「ば」が構成する条件文には、「なければ」「すれば」「あれば」の3つの形式が見られる。そのうち、「なければ」が最も多く使用されており、後件の「ない」と共起することが多い。「なければ」については、田中 (2004b) は「『なければ』は『ないと』『なかったら』と等しい機能を担うほかに、『なければなない』」という義務を内包しながら、あえて言表化せずにその結果事態を述べるものである。」と指摘している。「商法」第十五条2は田中(2004b)で指摘しているように、「第三者に対抗するには、商号の譲渡は、登記をしなければならない」という意味を包含しているが、それを言表せずに「商号の譲渡は登記しないと、第三者に対抗することはできない」という結果事態を述べている。「登記する」ことは「第三者に対抗する」ことが成立するために欠かせない条件と言えよう。商法においては、「なければ」はある状況を成立させる「必要条件」を提示するときに使用されていると指摘できよう。

「すれば」の用例はすべて第九百十五条3のように「すれば足りる」として

用いられている。「あれば」は2例見られるが、2例とも「ときは」が構成する条件文の中に使用されている。

 商法　第十五条2　　前項の規定による商号の譲渡は、登記をし<u>なければ</u>、第三者に対抗することができない。

 会社法　第九百十五条3　　第一項の規定にかかわらず、次に掲げる事由による変更の登記は、毎月末日現在により、当該末日から二週間以内に<u>すれば</u>足りる。

 会社法　第八百二十条　　外国会社の登記をした外国会社は、日本における代表者（日本に住所を有するものに限る。）の全員が退任しようとする<u>ときは</u>、当該外国会社の債権者に対し異議が<u>あれば</u>一定の期間内にこれを述べることができる旨を官報に公告し、かつ、知れている債権者には、各別にこれを催告しなければならない。

4.4 条件表現の併用

 一文の中に条件表現が重複して現れてくるものがしばしば見られる。本章ではそれらを第一の条件表現で分類して、その組み合わせと用例数を表4（次ページ）に示す。

 表4を見ると、まず「場合において」と「ときは」と併用している用例が圧倒的に多いという傾向が見られる。また、中村（2014）が挙げている二重条件だけでなく、「場合において」の用例には、3つの条件表現が重なるものも11例見られる。一文の中で、「場合において」と「場合には」はほかの条件表現と併用するときは、常に第一の条件に使用されている。「とき」は「場合において」と併用するとき、第二の条件に使用されているのに対して、「ば」が構成する条件表現、「場合を除き」の2つの表現と併用されるときは、常に先行している。一方、「ば」が構成した条件表現、「場合を除き」、「場合に限り」の3つの表現が常に第二の条件表現または第三の条件表現に使用されている。

表4 重複して現れる条件表現の使用状況

形式	併用するもの	商法	会社法	計
場合には	場合を除き		10	10
	ときを除き		3	3
	ときに限り		2	2
	〜ば		16	16
場合において	ときは	7	302	309
	ときは＋場合を除き	1	2	3
	ときは＋〜ば	1	7	8
	〜ば		1	1
ときは	場合を除き		10	10
	〜ば	1	11	12

4.4.1 「場合には」とほかの条件表現との併用

　中村（2014）では、一文の中に、「場合には」とほかの条件表現と併用されるものが見当たらない。その原因は「場合には」の「は」が、その場合に事柄を限定することにあると指摘されている。それと異なって、「会社法」には「場合には」と、「場合を除き」「ときを除き」「ときを除き」「〜ば」の4つの条件表現との併用が見られる。一方、「場合には」と「ときは」と併用するものが見当たらない。両者とも限定の意味が強いからであろう。

　まず、「場合を除き」と「ときを除き」の2つの形式と併用する用例を考察していく。その用法としては、大まかにある状況を限定していて、その状況の

もとで、起こりうる特別な状況を除外して提示している。たとえば、「会社法」第四百八十二条 2 は、「清算人が二人以上ある」という状況を限定していて、「款に別段の定めがある」という特別な状況を除外して、「清算株式会社の業務は清算人の過半数をもって決定する」、と解される。

　会社法　第四百八十二条 2　　清算人が二人以上ある<u>場合には</u>、清算株式会社の業務は、定款に別段の定めがある<u>場合を除き</u>、清算人の過半数をもって決定する。

　次に、「〜ば」と重なって用いられている用例を見ていく。「会社法」第六百八条 5 では「場合には」は大まかに「第一項の一般承継人が二人以上ある」という条件を想定していて、「なければ」は具体的に「各一般承継人は、承継した持分についての権利を行使する者一人を定めるという状況を仮定して、そういう状況でないなら、当該持分についての権利を行使することができない」と述べているのである。「場合には」と「ば」と併用しているときは、この 2 つの表現は抽象と具体との関係と指摘できよう。

　会社法　第六百八条 5　　第一項の一般承継人（相続により持分を承継したものに限る。）が二人以上ある<u>場合には</u>、各一般承継人は、承継した持分についての権利を行使する者一人を定め<u>なければ</u>、当該持分についての権利を行使することができない。ただし、持分会社が当該権利を行使することに同意した場合は、この限りでない。

　さらに、「場合には」と「ときに限り」と併用する場合も具体と抽象との関係が見られる。「場合には」は大まかに、ある条件を想定しているのに対して、「ときに限りは」は具体的な状況を仮定して、それを限定して提示している。

　会社法　第百九十七条 5　　第一項及び第二項の規定にかかわらず、登録株式質権者がある<u>場合には</u>、当該登録株式質権者が次のいずれにも該当する者である<u>ときに限り</u>、株式会社は、第一項の規定による競売又は第二項の規定による売却をすることができる。

4.4.2「場合において」とほかの条件表現との併用

「場合において」とほかの条件表現との併用が321例見られる。そのうち、「ときは」と併用しているものが最も多く、309例であり、いずれも「場合において」が先行している。

中村（2014）は「場合」と「とき」との併用について、「『場合』と『とき』とは、『場合』が先行して大きく捉えているのに対して、『とき』は、それに続いて、より具体的に捉えられる事柄を仮定している」と述べている。商法においても、同じ傾向が見られる。たとえば、

 商法　第五百三十四条　各当事者は、いつでも交互計算の解除をすることができる。<u>この場合において</u>、交互計算の解除をした<u>ときは</u>、直ちに、計算を閉鎖して、残額の支払を請求することができる。

は「この場合において」を用いて、「各当事者は、いつでも交互計算の解除をすることができる」という前提条件を提示して、以下、解除したことを想定して、どう対処するかについて具体的に述べている。

 会社法　四百二十五条5　第一項の決議があった場合において、当該役員等が前項の新株予約権を表示する新株予約権証券を所持するときは、当該役員等は、遅滞なく、当該新株予約権証券を株式会社に対し預託しなければならない。<u>この場合において</u>、当該役員等は、同項の譲渡について同項の承認を受けた後で<u>なければ</u>、当該新株予約権証券の返還を求めることができない。

は「当該役員等は当該新株予約権証券を株式会社に対し預託する」を前提条件として提示し、同項の譲渡について同項の承認を受けた後でないなら、当該新株予約権証券の返還を求めることができないと述べているのである。

また、「場合において」の用例には、二重条件表現だけでなく、3つの条件表現が重なっているものも以下の2例見られる。2例とも第二の条件表現に「とき」が使用されている。また、「なければ」と「場合を除き」は第三の条件に用いられている。第七百八十三条4の「場合において」は大まかに前提条件を提示し

て、「ときは」はそれに続いて具体的な事柄を仮定して、その条件のもとで、「吸収合併又は株式交換は、当該持分等の割当てを受ける種類の株主の全員の同意がないなら、その効力を生じない」と述べている。

　会社法　第七百八十三条4　吸収合併消滅株式会社又は株式交換完全子会社が種類株式発行会社である<u>場合において</u>、合併対価等の全部又は一部が持分等である<u>ときは</u>、吸収合併又は株式交換は、当該持分等の割当てを受ける種類の株主の全員の同意が<u>なければ</u>、その効力を生じない。

　会社法　第五百十四条　裁判所は、特別清算開始の申立てがあった<u>場合において</u>、特別清算開始の原因となる事由があると認めるときは、次のいずれかに該当する<u>場合を除き</u>、特別清算開始の命令をする。

4.4.3「ときは」とほかの条件表現との併用

　「ときは」とほかの条件表現の併用は「ときは＋場合を除き」「ときは＋〜ば」の2つの形式が見られる。その用法と傾向は「場合には」とほぼ同様であり、「ときは」は大まかにある条件を想定しているのに対して、第二の条件表現は具体的な状況を仮定して、それを限定して提示している。2つの条件は抽象と具体との関係であろう。

　会社法　第六百八十四条3　社債発行会社は、前項の請求があった<u>ときは</u>、次のいずれかに該当する<u>場合を除き</u>、これを拒むことができない。

　会社法　第二百三十七条　新株予約権が二以上の者の共有に属する<u>ときは</u>、共有者は、当該新株予約権についての権利を行使する者一人を定め、株式会社に対し、その者の氏名又は名称を通知し<u>なければ</u>、当該新株予約権についての権利を行使することができない。

5　まとめ

　本章では、口語体の「商法」と「会社法」における条件表現の用法と傾向に

ついて以下の点を明らかにした。

1. 口語体の「商法」と「会社法」では、「とき」「場合」「ば」の3つの条件表現が用いられている。「会社法」において、「とき」と「場合」が両方とも多用されているのに対して、「商法」においては、「場合」は「とき」の半分にも至らない。「場合には」「場合において」「場合においては」「場合を除き」「場合に限り」「ときは」「なければ」の7つの形式が「商法」と「会社法」に両方とも用いられているが、「場合は」「ときを除き」「ときに限り」「すれば」「あれば」の5つの形式は「会社法」にしか見当たらない。そのうち、「ときは」が圧倒的に多く、「場合には」と「場合において」も多用されている。

2. 「ときは」と「場合には」は主に「仮説的な条件を表す」用法と「起こる可能性の高い状況を限定して提示する」用法で使用されている。しかし、「場合には」は「ときは」と異なって、条文に掲げる事情と規定を前提条件として提示する場合がある。

3. 「場合においては」は常に「この場合においては」の形で、前の条文に述べられている状況を限定して提示する場合に用いられている。一方、「場合において」は主に「とき」が構成する条件表現の中で使用されている。

4. 「場合を除き」と「ときを除き」は仮定した状況を例外とする表現である。「場合に限る」はある状況を限定して、後件の事態成立の必要十分条件とする表現である。

5. 例外的な状況を取り上げて対比したりする場合、または条文に掲げる事情と規定を前提条件として提示する場合は、「とき」より「場合」を用いる傾向がある。

6. 「なければ」は後件の「ない」と共起して、ある状況を成立させる「必要条件」を提示する場合に用いられている。

7. 「場合には」と「場合において」はほかの条件表現と重なるとき、常に第一の条件に使用されている。一方、「とき」は「場合において」と併用するとき、第二の条件に使用しているのに対して、「～ば」、「場合を除き」の2つの表現

と併用しているときは、常に先行している。「〜ば」、「場合を除き」、「場合に限り」の3つの表現が常に第二の条件表現または第三の条件表現に使用されている。

注
(1) 『商法』（明治三十二年法律第四十八号）総務省法令データ提供システム http://law.e-gov.go.jp/htmldata/M32/M32HO048.html　最終改正：平成二六年六月二七日法律第九一号
　　『会社法』（平成十七年七月二十六日法律第八十六号）総務省法令データ提供システム：http://law.e-gov.go.jp/htmldata/H17/H17HO086.html　最終改正：平成二八年六月三日法律第六二号
(2) 伊藤（2015）p2–p4 を参照。

第 7 章　口語体「商法」と文語体「商法」における条件表現

1　はじめに

　前章では、口語体「商法」と「会社法」の条文を考察対象として、商法における条件表現の使用状況をある程度解明した。しかし、「商法」の一部の条文は未だに口語化されておらず、文語体のままであるので、学習者に「商法」を正確に理解させるためには、実態調査を行って、「とき」「場合」「ば」の 3 つの形式を中心に、口語体「商法」と文語体「商法」の条件表現の様相と対応関係を明らかにすることが必要である。そこで、本章では、現在の「商法」[1]（最終改正：平成二六年六月二七日法律第九一号。以下平成 26 年商法と略称）の条文を調査対象とし、口語体と文語体の条件表現形式を比較しながら考察して、口語体「商法」と文語体「商法」における条件表現の使用傾向と相違点を明らかにする。また、制定当初の「商法」（明治 32 年「商法」と略称）を調査して、これを口語体「商法」と参照しながら、文語体の条件形式がどのような口語体の条件形式に訳されているのかを中心に考察して、口語体と文語体の条件表現形式の対応関係を明らかにする。

2　口語体と文語体における条件表現の使用状況

　商法は第 1 編総則（1 条− 32 条、33 条− 500 条は削除）、第 2 編商行為（501 条− 628 条、629 条− 683 条は削除）、第 3 編 海商（684 条− 851 条）で構

成されている。この中、1条－33条、501条－540条（33条－500条は削除）は2005（平成17）年に口語化されたが、541条－628条、684条－851条（629条－683条は削除）は文語体のままである。[2]

　本章では、口語体「商法」と文語体「商法」における条件表現の使用傾向を明らかにするために、総務省法令データ提供システムを利用して、平成26年商法の条文を調査した。調査によって明らかになった口語体の条件表現の使用状況を表1に、文語体の使用状況を表2に示す。

　表1に示されるように商法の口語化された条文において、「とき」が圧倒的に多く、61例見られ、「場合」がそれに次いで29例であり、「ば」が6例と希少である。

　「場合」を用いる条件表現には「場合には」「場合において」「場合においては」「場合を除き」「場合に限り」の5つの形式が見られる。そのうち、「場合には」と「場合において」が多用されているが、「場合においては」「場合を除き」「場合に限り」の3つの形式は僅かである。また、文語体の条文で使用される「場合ハ」に対応する形式が見当たらない。「とき」を用いる条件表現には「ときは」という形式しかない。「ば」を用いる条件表現には、「なければ」という形式が見られる。

　一方、文語体の条文においては、「場合」「トキ」「バ」の3つの形式が見られる。「場合」を用いる条件表現には、「場合ハ」「場合ニハ」「場合ニ於テ」「場合ニ於テハ」「場合ヲ除ク外」の5つの形式が見られるが、「場合に限り」に対応する形式が見当たらない。口語体の「場合には」が多用されているのに対して、文語体の「場合ニハ」は4例と少ない。また、口語体の「場合においては」は1例のみであるが、文語体では「場合ニ於テハ」が多用されている。「トキ」を用いる条件表現は口語体の「とき」と同様で、「トキハ」という形式しかない。「バ」を用いる条件表現には、「ニ非サレハ」という形式が見られる。

　そこで、各条件表現の形式の用法を明らかにするために、口語体と文語体の条件表現の形式を比較しながら考察して、各形式の用法を明らかにする。

表1　口語体「商法」における条件表現の使用状況

形式		数
	形式	数
場合	場合には	10
	場合において	14
	場合においては	1
	場合を除き	3
	場合に限り	1
	計	29
とき	ときは	61
ば	なければ	6

表2　文語体「商法」における条件表現の使用状況

形式		数
	形式	数
場合	場合ハ	1
	場合ニハ	4
	場合ニ於テ	45
	場合ニ於テハ	48
	場合ヲ除ク外	6
	計	104
トキ	トキハ	165
バ	ニ非サレハ	27

2.1 「場合には」と「場合ニハ」

　口語体の「場合には」はある状況を想定し、その状況を限定して前提条件として提示する場合に使用されている。また、例外的な状況を取り上げて、対比させたりするときにも用いられている。7例のうち、第十七条2のように「〜適用しない」という文型を伴うものが3例見られる。これらの用例は、例外的な状況を取り上げて、その状況で前項の規定を適用しないことを示している。

　　平成26年商法　第十七条　営業を譲り受けた商人（以下この章において「譲受人」という。）が譲渡人の商号を引き続き使用する<u>場合には</u>、その譲受人も、譲渡人の営業によって生じた債務を弁済する責任を負う。

　　2　<u>前項の規定は</u>、営業を譲渡した後、遅滞なく、譲受人が譲渡人の債務を弁済する責任を負わない旨を登記した<u>場合には</u>、<u>適用しない</u>。

　一方、文語体の「場合ニハ」は、4例とも、

　　平成26年商法　第五百六十六条○3　<u>前二項ノ規定ハ</u>運送取扱人ニ悪意アリタル<u>場合ニハ之ヲ適用セス</u>

のように、「〜之ヲ適用セス」と共起している。第五百六十六条○3は「運送取扱人に悪意ある」という例外的な状況になったら、その状況では、「前二項の規定を適用しない」という規定を述べている。文語体の「場合ニハ」は前項の規定を適用しない例外的な状況を提示する場合にのみ使用され、口語体の「場合には」に比べ使用範囲が狭いと考えられる。

2.2 「場合において」と「場合ニ於テ」

　口語体の「場合において」は主にほかの条件表現と併用されている。13例のうち、一文の中で重なる条件表現は、「ときは」7例、「ときは＋場合を除き」1例、「ときは＋ば」1例の計9例である。一方、第五百二十九条のようにほかの条件表現と重ならない場合、「場合において」に前接する事柄は、後に述べられる事柄の前提条件と言える。また、「場合において」は条件とするのは主に仮定的な事柄である。しかし、第五百三十四条のように、「場合」は「この」に後接して

おり、前文で規定された内容を前提条件とするものも 2 例見られ、前文で規定された内容を「この場合」で提示して、以下、それに対して補足的に説明したりするときに使用されている。

 平成 26 年商法　第五百二十九条　交互計算は、商人間又は商人でない者との間で平常取引をする場合において、一定の期間内の取引から生ずる債権及び債務の総額について相殺をし、その残額の支払をすることを約することによって、その効力を生ずる。

 平成 26 年商法　第五百三十四条　各当事者は、いつでも交互計算の解除をすることができる。この場合において、交互計算の解除をしたときは、直ちに、計算を閉鎖して、残額の支払を請求することができる。

文語体の「場合ニ於テ」はほかの条件表現と重なって使用されるものが多く見られる。45 例のうち、「トキハ」と併用するものが 26 例、「ニ非サレハ」と併用するものが 1 例である。

「場合ニ於テ」は口語体の「場合において」と同様に、仮定的な条件を提示するのが主であるが、第八百三十五条のようにすでに規定された事項を提示する場合もある。口語体の「この場合」に対応する「此場合」が 2 例見られるが、口語体で見当たらない「前項の場合において」や「第三項の場合において」のようなすでに規定された事項を包括的に受ける表現も見られる。

 平成 26 年商法　第八百三十五条　第八百三十三条第三号ノ場合ニ於テ船長カ遅滞ナク他ノ船舶ヲ以テ積荷ノ運送ヲ継続シタルトキハ被保険者ハ其積荷ヲ委付スルコトヲ得ス

2.3 「場合においては」と「場合ニ於テハ」

口語体の「場合においては」は第五百二十七条の 1 例しか見当たらない。

 平成 26 年商法　第五百二十七条　前条第一項に規定する場合においては、買主は、契約の解除をしたときであっても、売主の費用をもって売買の目的物を保管し、又は供託しなければならない。

口語体の「場合においては」は前の条文で規定されている事項を受け、それを条件として提示して、付加的に説明する場合に使われている。

一方、文語体の「場合ニ於テハ」は、48例のうち、第六百五条のように「此」に後接しているものが15例である。これらの用例は、前文で規定されている内容を受け、「此場合」という形で条件として提示している。また、「〜左ノ場合」が4例、「前条第二項ノ場合」が1例、「第四号ノ」が1例見られ、いずれも前の条文の規定を受けて、それを前提条件として提示している。これらの用例の用法は口語体の「場合においては」と同様であると考えられる。

平成26年商法　第六百五条　預証券又ハ質入証券カ滅失シタルトキハ其所持人ハ相当ノ担保ヲ供シテ更ニ其証券ノ交付ヲ請求スルコトヲ得<u>此場合ニ於テハ</u>倉庫営業者ハ其旨ヲ帳簿ニ記載スルコトヲ要ス

平成26年商法　第七百十八条　<u>左ノ場合ニ於テハ</u>船舶ハ修繕スルコト能ハサルニ至リタルモノト看做ス

しかし、口語体と異なるのは、「場合ニ於テハ」はすでに規定された内容を前提条件として提示する場合に用いられるだけでなく、仮定的な状況を限定して前提条件として提示する場合にも多用される点である。例としては、以下の第五百七十九条が挙げられている。

平成26年商法　第五百七十九条　<u>数人相次テ運送ヲ為ス場合ニ於テハ</u>各運送人ハ運送品ノ滅失、毀損又ハ延著ニ付キ連帯シテ損害賠償ノ責ニ任ス

は「数人が相次いで運送する」という状況を仮定して、その条件のもとで、「各運送人は運送品の滅失、毀損又は延著につき連帯して損害賠償の責任を負う」という規定を述べている。

口語体の「場合においては」と比べ、「場合ニ於テハ」はより使用範囲が広いと考えられる。

2.4「場合を除き」と「場合ヲ除ク外」

口語体の「場合を除き」はある状況を取り上げ、それを除外する条件表現で

ある。また、3例のうち、「ときは」と併用されるものと「場合において＋ときは」と併用されるものが1例ずつである。

　　平成26年商法　第五百二十二条　　商行為によって生じた債権は、この法律に別段の定めがある<u>場合を除き</u>、五年間行使しない<u>ときは</u>、時効によって消滅する。

　次に、文語体の「場合ヲ除ク外」の用例を見ていく。

　　平成26年商法　第五百九十二条　　旅客ノ運送人ハ旅客ヨリ引渡ヲ受ケサル手荷物ノ滅失又ハ毀損ニ付テハ自己又ハ其使用人ニ過失アル<u>場合ヲ除ク外</u>損害賠償ノ責ニ任セス

　第五百九十二条は「旅客の運送人は旅客より引渡を受けない手荷物の滅失または毀損」については、「自己又はその使用人に過失がある」という特別な事情を例外として、通常「損害賠償の責任を受けない」ことが成立するという意味を表している。「場合ヲ除ク外」はある事情を例外とする場合に使用されている。文語体の「場合ヲ除ク外」は口語体の「場合を除き」に対応すると推測される。なお、「場合ヲ除ク外」は「ときは」と併用している条文が1例見られる。

2.5 「ときは」と「トキハ」

　「とき」については、庵他（2000）では、「前件が成り立つ時には、後件の事態がよく起こる」「一種の条件表現」と記述している。

　「商法」においては、口語体「ときは」は起こりうる事態を想定して、そういうことが発生したら、どう対処するかを規定する場合に使用されている。「ときは」に前接するものを見ると、すべて仮定した事柄である。「ときは」の用例では、「場合において」および「場合においては」のときと異なって、「この」に後接しており、すでに規定された条項を条件として提示するものが見当たらない。

　また、「ときは」の用例では、「ただし、～この限りでない」という文型を伴って用いられるものが7例見られ、前文に規定された事項を受けて、それに対する除外例を提示する場合に用いられている。

一方、文語体の「トキハ」は口語体の「ときは」と同様に、主として

  平成26年商法　第五百六十一条　運送取扱人カ運送品ヲ運送人ニ引渡シ
  タル<u>トキハ</u>直チニ其報酬ヲ請求スルコトヲ得

のようにあることが発生したとき、どう対処するかを述べる前提として想定するときに使用されている。第五百六十一条は「運送取扱人が運送品を運送人に引渡したとしたら、そのときは、直ちにその報酬を請求することができる」と解される。また、165例のうち、前の条文の規定を条件として提示するものは1例も見当たらない。なお、「但～此限ニ在ラス」を伴うものが17例見られ、

  平成26年商法　第五百五十三条　問屋ハ委託者ノ為メニ為シタル販売又
  ハ買入ニ付キ相手方カ其債務ヲ履行セサル場合ニ於テ自ラ其履行ヲ為ス責
  ニ任ス但別段ノ意思表示又ハ慣習アル<u>トキハ此限ニ在ラス</u>

のように、前文の規定を適用しない例外的な状況を取り上げるときに使用されている。文語体の「トキハ」の用法は口語体の「ときは」とほぼ同様であると考えられる。

2.6「なければ」と「ニ非サレハ」

　口語体の「なければ」は6例のうち、後件に「できない」が使用されるものが4例で、「してはならない」が2例であり、前件の「ない」が後件の「ない」と呼応・共起している。前章でも指摘しているように、口語体商法においては、「なければ」は「～なければ、～ない」という形である状況を成立させる「必要条件」を提示するときに使用されている。

  平成26年商法　第十五条2　前項の規定による商号の譲渡は、登記をし
  <u>なければ</u>、第三者に対抗することが<u>できない</u>。

　一方、文語体の「ニ非サレハ」は、27例とも後件で否定の助動詞「～ズ」を使用している。そのうち、「～得ズ」を用いるものが最も多く22例見られ、「～しないと、～することはできない」などの意味を表している。

  平成26年商法　第五百七十三条　貨物引換証ヲ作リタルトキハ運送品ニ関

スル処分ハ貨物引換証ヲ以テスル<u>ニ非サレハ</u>之ヲ為スコトヲ得<u>ス</u>
は「運送品に関する処分は貨物引換証でするのでなければ、運送品を処分することはできない」と解される。「貨物引換証でする」ことは「運送品を処分する」ことを成立させる必要条件と言える。「ニ非サレハ」は「なければ」と同様に、後件の否定の助動詞と共起しており、ある状況を成立させる必要条件を提示するときに使用されていると指摘できよう。

2.7 文語体「商法」特有の条件形式「場合ハ」

文語体「商法」では、「場合ハ」が用いられるものが以下の1例である。

平成26年商法　第七百十五条　船長ハ船舶ノ修繕費、救助料其他航海ヲ継続スルニ必要ナル費用ヲ支弁スル為メニ非サレハ左ニ掲ケタル行為ヲ為スコトヲ得ス

三　積荷ノ全部又ハ一部ヲ売却又ハ質入スルコト但第七百十二条第一項ノ<u>場合ハ</u>此限ニ在ラス

第七百十五条第一項第三号の「場合ハ」は「但し～此限ニアラス」を伴って、前文に規定された事項を受けて、それに対する除外例を提示している。この点は口語体の「ときは」および文語体の「トキハ」と同様である。しかし、この両者と異なるのは、「場合ハ」が提示する「除外例」は想定した状況ではなく、「第七百十二条第一項ノ規定」（平成26年商法第七百十五条）というすでに規定された事項であるという点と考えられる。

3　口語体と文語体における条件表現形式の対応関係

平成26年商法の実態調査によって、口語体「商法」と文語体「商法」は、条件表現の使用の傾向に相違する点が存することが明らかになった。「商法」の条件表現をより正確に理解するためには、口語体の条文とその口語化される前の条文を対比して、口語体と文語体の条件表現の形式の対応関係を明らかにす

る必要がある。そこで、口語化される前の条文については、国立国会図書館の日本法令索引を利用して、『法令全書明治32年』の「商法」[3]（以下明治32年商法と略称）を調査対象とする。それを平成26年商法の口語体条文と対照して、文語体の条件表現の形式がどの口語体の条件表現の形式に訳されているのかを中心に考察して、口語体と文語体の条件表現形式の対応関係を探る。

　まず、明治32年商法の文語体の条件表現の形式とその口語体で対応する形式および数を表3に示す。一方、明治32年商法では、口語体の条件表現形式に対応する文語体条文が見当たらない場合がある。その形式と数を表4に示す。

　表3にあるように、「場合ニハ」は2例ともそのまま「場合には」に訳されている。「場合ニ於テ」は主に「場合において」に訳されているが、「場合においては」になったものも1例見られる。「場合ニ於テハ」は2例ともに「場合において」に訳されている。「場合ヲ除ク外」はこれに類似する「場合を除き」に訳されている。また、平成26年商法の文語体の条文に使用される「場合ハ」は見当たらない。「トキハ」は48例のうち、そのまま「ときは」に訳されたものが47例で、「場合には」に訳されたものが1例見られる。平成26年商法では見当たらない「トキニ限リ」は「場合を除き」に訳されている。「ニ非サレハ」は7例のうち、そのまま「なければ」に訳されているのが主であるが、「場合を除き」に訳されたものも1例見られる。

　一方、表4を見ると、口語体の「場合には」は10例のうち、対応する文語体の条文のないものが7例と多い。また、「場合に限り」に対応する文語体の形式も見当たらない。

3.1 「場合ニハ」→「場合には」

　「場合ニハ」がそのまま「場合には」に訳されたものが2例見られる。「場合ニハ」は2例とも「～之ヲ適用セス」を伴って使用されている。文語体の「場合ニハ」は前項の規定に対する除外例を提示する場合にのみ使用されることが確認される。なお、前項の規定を適用しない例外的な状況を提示する場合、文語体の「場

表3　文語体の形式と口語体で対応する形式

文語体の形式		口語体で対応する形式	数
場合	場合ニハ	場合には	2
	場合ニ於テ	場合において	7
		場合においては	1
	場合ニ於テハ	場合において	2
	場合ヲ除ク外	場合を除き	1
トキハ	トキハ	ときは	47
		場合には	1
	トキニ限リ	場合を除き	1
バ	ニ非サレハ	なければ	6
		場合を除き	1

表4　対応する文語体のない形式

	形式	数
場合	場合には	7
	場合において	5
	場合においては	0
	場合を除き	0
	場合に限り	1
	計	13
とき	ときは	13
ば	なければ	1

合ニハ」は口語体の「場合には」に対応することが指摘できる。

3.2 「場合ニ於テ」→「場合において」「場合においては」

まず、「場合ニ於テ」が「場合において」に訳されたものを見ていく。

　　明治32年商法　第五百三十條　手形其他ノ商業證券ヨリ生シタル債權債務ヲ交互計算ニ組入レタル<u>場合ニ於テ</u>證券ノ債務者カ辨濟ヲ爲ササリシ<u>トキハ</u>當事者ハ其債務ニ關スル項目ヲ交互計算ヨリ除去スルコトヲ得

　　→　平成26年商法　第五百三十条　手形その他の商業証券から生じた債権及び債務を交互計算に組み入れた<u>場合において</u>、その商業証券の債務者が弁済をしない<u>とき</u>は、当事者は、その債務に関する項目を交互計算から除外することができる。

7例のうち、ほかの条件表現を伴う「場合ニ於テ」と「場合において」が先行して大まかな条件を提示するものが5例であり、ほかの条件を併用せずに、前提条件として提示するものが2例である。前件で条件として提示したものはすべて仮定的な事柄であり、すでに規定された事項を提示したものが見当たらない。仮定的な状況を前提条件とする場合、文語体の「場合ニ於テ」は口語体の「場合において」に対応することが確認された。

次に「場合においては」になったものは以下の1例である。

　　明治32年商法　第二百八十九條　前條ノ<u>場合ニ於テ</u>買主ハ契約ヲ為シタルトキト雖モ賣主ノ費用ヲ以テ賣買ノ目的物ヲ保管又ハ供託スルコトヲ要ス

　　→　平成26年商法　第五百二十七条　前条第一項に規定する<u>場合においては</u>、買主は、契約の解除をしたときであっても、売主の費用をもって売買の目的物を保管し、又は供託しなければならない。

明治32年商法第二百八十九條は単純に口語体に訳されているのではなく、「は」を入れることによって、限定の意味が加えられていると推測される。前条のほかの項ではなく、第一項の状況を限定する意味が内包されていると考えられる。

3.3「場合ニ於テハ」→「場合において」

「場合ニ於テハ」は「場合において」になったものが2例見られる。しかし、2例とも単純に口語体に訳されたのではないと考えられる。以下の平成26年商法第五百三十四条のように、「場合において」によって提示された条件のもとで、「ときは」を第2の条件表現として用いて、「交互計算の解除をした」という具体的な状況を加えている。「場合ニ於テハ」は、「ときは」と併用するため、そのまま「場合においては」に訳されたのではなく、「場合において」が使われているのであろう。

明治32年商法　第二百九十六條　此<u>場合ニ於テハ</u>直チニ計算ヲ閉鎖シテ残額ノ支払ヲ請求スルコトヲ得

→　平成26年商法　第五百三十四条　この<u>場合において</u>、交互計算の解除をした<u>ときは</u>、直ちに、計算を閉鎖して、残額の支払を請求することができる。

3.4「場合ヲ除ク外」→「場合を除き」

文語体の「場合ヲ除ク外」が口語体の「場合を除き」に訳されたものは1例である。以下の条文は「この法律に別段の定めがある」という事態を例外として、通常「商行為によって生じた債権は五年間行使しないときは、時効によって消滅する」ことが成立するという意味を示している。文語体の「場合ヲ除ク外」と口語体の「場合を除き」は2形式とも仮定した状況を除外して提示する条件表現である。文語体の「場合ヲ除ク外」は口語体の「場合を除き」に対応することが確認された。

明治32年商法　第二百八十五條　商行爲ニ因リテ生シタル債權ハ本法ニ別段ノ定アル<u>場合ヲ除ク外</u>五年間之ヲ行ハサルトキハ時効ニ因リテ消滅ス

→　平成26年商法　第五百二十二条　商行為によって生じた債権は、この法律に別段の定めがある<u>場合を除き</u>、五年間行使しないときは、時効によって消滅する。

3.5 「トキハ」→「ときは」「場合には」

まず、「トキハ」が「ときは」に訳された例を見ていく。これらの用例は、

　　明治32年商法　第二百八十六條　商人間ノ賣買ニ於テ買主カ其目的物ヲ受取ルコトヲ拒ミ又ハ之ヲ受取ルコト能ハサル<u>トキハ</u>賣主ハ其物ヲ供託シ又ハ相當ノ期間ヲ定メテ催告ヲ爲シタル後之ヲ競売スルコトヲ得

　　→　**平成26年商法　第五百二十四条**　商人間の売買において、買主がその目的物の受領を拒み、又はこれを受領することができない<u>ときは</u>、売主は、その物を供託し、又は相当の期間を定めて催告をした後に競売に付することができる。

のように、前件で「買主がその目的物の受領を拒む」や「目的物を受領することができない」という仮定的な状況を提示しており、後件でその状況のもとでどう対処するかを規定している。また、47例のうち、「但し〜此限ニ在ラス」(「ただし、〜この限りでない」) を伴っており、前文の規定を適用しない例外的な事情を提示するものが3例見られる。文語体「トキハ」は口語体の「ときは」に対応することが確認された。

次に、「トキハ」が「場合には」に訳されたものが以下の1例である。

　　明治32年商法　第二十二條　譲渡人カ同一ノ營業ヲ爲ササル特約ヲシタル<u>トキハ</u>其特約ハ道府縣内且三十年ヲ超エサル範圍内ニ於テノミ其効力ヲ有ス。

　　→　**平成26年商法　第十六条2**　譲渡人が同一の営業を行わない旨の特約をした<u>場合には</u>、その特約は、その営業を譲渡した日から三十年の期間内に限り、その効力を有する。

明治32年商法第二十二條は「譲渡人が同一の営業を行わない特約をした」という状況が発生したら、「その特約は、その営業を譲渡した日から三十年の期間内に限り、その効力を有する」ことが成立するという規定を述べている。仮定した状況を限定して条件として提示する場合は、文語体の「トキハ」の用法

は「場合には」とほぼ同様であると指摘できよう。

3.6 「トキニ限リ」→「場合を除き」

「トキニ限リ」が「場合を除き」になったものは次の1例である。

　　明治32年商法　第二條　公法人ノ商行爲ニ付テハ法令ニ別段ノ定ナキ<u>トキニ限リ</u>本法ノ規定ヲ適用ス

　　→　**平成26年商法　第二条**　公法人が行う商行為については、法令に別段の定めがある<u>場合を除き</u>、この法律の定めるところによる。

　明治32年商法第二條は「別段の定めがない」という状況が成立してはじめて、「公法人の商行為については、この法律の定めるところによる」が成立することを表している。「本法の規定を適用する」の成立の唯一の必要条件としては、「法令に別段の定めがない」を挙げている。一方、平成26年商法第二条は「公法人が行う商行為については、この法律の定めるところによる」ということは通常成立するが、例外があるとすれば、「法令に別段の定めがある」が挙げられることを表している。明治32年商法第二條の場合、焦点が「別段の定めがない」という必要条件にあるのに対して、平成26年商法第二条の場合、焦点は「公法人が行う商行為については、通常この法律の定めるところによる」にあると指摘できる。明治32年商法第二條は単純に口語体に訳されたのではなく、その内容も改正されたため、「場合を除き」が使われていると推測される。

3.7 「ニ非サレハ」→「なければ」「場合を除き」

　まず、「なければ」に訳された「ニ非サレハ」は6例であり、いずれも「〜ニ非サレバ〜ズ／ザル」の形で、ある状況を成立さるための必要条件を提示するときに使用されている。文語体の「ニ非サレハ」は後件の否定の助動詞と共起する場合は、「なければ」に対応することが確認された。

　次に、「ニ非サレハ」が「場合を除き」になったものは次の1例である。

　　明治32年商法　第二百八十七條　当事者ノ一方カ履行ヲ爲サスシテ其時期

ヲ経過シタルトキハ相手方ハ直チニ其履行ヲ請求スル<u>ニ非サレハ</u>契約ノ解除ヲ爲シタルモノト看做ス

→ 平成26年商法　第五百二十五条　当事者の一方が履行をしないでその時期を経過したときは、相手方は、直ちにその履行の請求をした<u>場合を除き</u>、契約の解除をしたものとみなす。

　明治32年商法第二百八十七條は「当事者の一方が履行をしないでその時期を経過した」という状況のもとで、「相手方は、直ちにその履行の請求をしない」ことが原因となり、その結果「解約の解除をしたものとみなす」ことが生じることを表している。一方、平成26年商法第五百二十五条は「相手方は、直ちにその履行の請求をした」という状況を例外として、「当事者の一方が履行をしないでその時期を経過したときは、通常契約の解除をしたこととみなす」ことに焦点を置いて規定している。

　明治32年商法第二百八十七條の「ニ非サレハ」は「商法」の口語化にあたって、条文内容の改正によって、「場合を除き」になったと推測される。

4　まとめ

　以上の考察によって明らかになった口語体「商法」と文語体「商法」における条件表現形式の用法及び対応関係をまとめると、表5と表6のようになる。

注

(1) 総務省法令データ提供システム：『商法』http://law.e-gov.go.jp/htmldata/M32/M32HO048.html　最終改正：平成二六年六月二七日法律第九一号

(2) 伊藤(2015)を参考に作成したものである。

(3) 明治三十二年法律第四十八号「商法」『法令全書明治32年』国立図書館 http://dl.ndl.go.jp/info:ndljp/pid/788011/83

表5　口語体の条件表現の形式の用法および対応する文語体の形式

口語体の形式	用法	対応する文語体の形式
場合には	①ある状況を想定し、その状況を限定して前提条件として提示する	トキハ①
		場合ニ於テハ②
	②「適用しない」を伴って前の条文の規定を適用しない例外的な状況を提示する	場合ニハ
場合において	主に第一の条件として他の条件表現と併用される。他の条件表現と重ならない場合、前提条件として使用される。条件とする事柄は仮定的な状況とすでに規定された事項である	場合ニ於テ
場合においては	すでに規定された事項を前提条件として提示して、付加的に説明する	場合ニ於テハ①
場合を除き	仮定した状況を例外とする	場合ヲ除ク外
ときは	①仮定した状況を限定して前提条件として提示する	トキハ①
	②「ただし、～この限りでない」を伴って、前文の規定を適用しない例外的な状況を提示する	トキハ②
なければ	後件の否定を表す助動詞と共起して、ある状況を成立させる必要条件を提示する	ニ非サレハ
場合に限り	必要条件を提示する条件表現	なし

表6　文語体の条件表現の形式の用法及び対応する口語体の形式

文語体の形式	用法	対応する口語体の形式
場合ニハ	「～之ヲ適用セス」と共起し、前項の規定を適用しない例外的な状況を提示する	場合には②
場合ニ於テ	主に第一の条件として他の条件表現と併用している。他の条件表現と重ならない場合、前提条件として使用される。条件とする事柄は仮定的な状況とすでに規定された事項である	場合において
場合ニ於テハ	①すでに規定された事項を限定し、前提条件として提示して、付加的に説明する	場合においては
	②仮定した状況を限定して前提条件として提示する	場合には①
場合ヲ除ク外	仮定した状況を例外とする	場合を除き
トキハ	①仮定した状況を限定して前提表現として提示する	ときは①
		場合には①
	②「但～此限ニアラス」を伴って、前文の規定を適用しない例外的な状況を提示する。その除外例は仮定的な状況である	ときは②
ニ非サレハ	後件の否定を表す助動詞「ズ」と共起して、ある状況を成立させる必要条件を提示する	なければ
場合ハ	「但し～此限ニアラス」を伴って、前文の規定を適用しない例外的な状況を提示する。その除外例はすでに規定された事項である	なし

終章　結論と今後の課題

　本論は、ビジネス場面ではどのような場面でどのような条件表現を使うのかという運用の面を中心に解明するために、多様なビジネス言語資料から用例を採り、条件表現の使用傾向と機能について考察した。最後に、これまでの論考をまとめ、今後の課題を述べたい。

1　ビジネス場面における言語の使用領域と考察資料

　本論では、ビジネス場面における言語の使用領域を①ビジネス会話②ビジネス文書③商法の読解の3つに設定した。また、領域①を反映する言語資料として、経済ドラマ、ビジネス会話教科書、ビジネス場面の自然談話録音の3つを挙げた。領域②を反映する言語資料として、ビジネス文書文例集を挙げた。領域③を反映するものとして、「商法」と「会社法」の2つの法律を挙げた。

2　ビジネス場面における条件表現の用法と高頻度の表現

　本論では、ビジネス場面における条件表現について、主として条件表現の中心的な形式「と」「ば」「たら」「なら」の用法を前・後件の関連性と事実の成立関係から、「仮定条件」「一般条件」「事実条件」「前置き」「慣用的用法」に5分類して、考察を行った。考察によって明らかになった用法と高頻度の表現を以下の表1に示す。

表 1　ビジネス場面における条件表現の用法と高頻度の表現

分類	本論の考察資料に見られる用法と高頻度の表現
仮定条件	①予測を伝達する ②望ましい結果を予測することで実行の必要性を示す ③望ましくない結果を予測することで注意喚起したり、警告したりする ④前件である状況が成立したと設定し、後件で自分の意向または相手に対する要求などを示す ⑤反事実的なことがらを仮定し、望ましい結果が起こらないことに対する残念や後悔の気持ちを表す ⑥相手から得た情報などを真であると仮定し、自分の態度などを示す
一般条件	「前件のことが成立した場合、必ず後件の結果が生じる」という業務や操作の説明・指導をする
事実条件	自分の経験を伝えたり、報告したりする
前置き	ビジネス文書：「よりますと／よると」「承りますれば」 ビジネス会話：「と」「ば」「たら」の3形式と「言う」「見る」「考える」「比べる」などの動詞とで構成される表現（「疑問詞＋かというと」など）
慣用的用法	ビジネス文書：「幸い・幸甚」と共起するもの（「〜ば幸いです」など） 　　　　　　　「〜ばと存じます／考えております」 　　　　　　　「本来なら／本来であれば」 ビジネス会話：「ば／たら／といい」 　　　　　　　「ば／たらと」／「ば／たらと思う」 　　　　　　　「と困る／だめ」 　　　　　　　「よろしければ」「よければ」など

また、ビジネス文書とビジネス会話における「と」「ば」「たら」「なら」の4形式の各用法の使用状況を以下の表2にまとめる。（仮定条件の各用法を番号で示す。その定義については表1を参照）

表2　ビジネス文書とビジネス会話における「と」「ば」「たら」「なら」の各用法の使用状況

形式		と		ば		たら		なら	
考察資料		文書	会話	文書	会話	文書	会話	文書	会話
仮定条件	①	△	○	◎	○	△	◎	△	△
	②	×	×	◎	◎	×	△	×	×
	③	○	◎	○	○	△	○	×	×
	④	×	×	○	△	◎	◎	△	△
	⑤	×	×	×	△	×	×	×	×
	⑥	×	×	×	△	×	△	×	○
一般条件		×	○	△	△	×	×	×	×
事実条件		×	×	×	×	×	○	×	×
前置き		○	○	△	△	×	△	×	×
慣用的用法		○	○	◎	◎	○	○	○	×

◎使用頻度が高い
○使用頻度がやや高い
△用例はあるが、希少である。
×用例は見当たらない

3　ビジネス文書における条件表現

　本論の第1部では、市販されているビジネス文書文例集から「と」「ば」「たら」「なら」の4形式の用例を採り、ビジネス文書における条件表現の出現実態と用法の傾向について以下の点を明らかにした。

①ビジネス文書では、条件表現の4形式のうち、「ば」と「たら」が多用されるが、「と」と「なら」の使用は希少である。

②「ば」の条件文は、「幸い」・「幸甚」と共起するという慣用的用法で、文書の受取側に依頼するときに最も多用されている。また、その客観性と論理性が強いので、文書の受け取り側に対して勧誘を行う場合に必要性を示すとき、または情報や予測を伝えたり、懸念を示したりする場合に主に「ば」を使用している。さらに、一般条件と前置き表現としても若干使用されている。

③「たら」は主に仮定条件の用法で相手に依頼するときに使われている。前件である状況を想定し、後件で相手に対する依頼を表している。また、「～たら幸いです」「～たら幸甚です」のような慣用的用法も使用されている。

④「と」は「現状に基づいて望ましくない結果を予測する」用法として文書の受取側に対して、懸念を示したり、注意したりするときに最も多く使用される。また、「よると／よります」という前置き表現で情報の出処を示すときと、「幸い」「幸甚」と共起するという慣用的表現で、相手に依頼するときにも使用されている。

⑤「なら／ならば」は主に「本来なら／ならば」という形式として使われ、詫びの表現を伴うことが多い。また、ある状況を想定して、自分の意向を示したり、文書の受け取り側に依頼したりするときにも使用されている。

4 ビジネス会話における条件表現

　本論の第2部では、ビジネス会話における条件表現の使用傾向と用法の特徴を解明するために、経済ドラマ、ビジネス場面の自然談話録音資料、ビジネス会話教科書を調査対象とし、「と」「ば」「たら」「なら」の用例を採り、考察を行った。使用傾向は資料によって多少差異があるが、考察によって明らかになったビジネス会話における各形式の用法の傾向と特徴を以下に総合的にまとめる。

4.1「ば」について

　「ば」の中心的用法は、仮定条件と慣用的用法である。一般条件と前置きも見られるが、使用頻度が低い。

　「ば」の仮定条件は、社外場面と社内の「目下→目上」、「会議」の場面で多く見られ、取引先などを勧誘するときや社内で提案するときに、実行の必要性を示すのに最も多く使用されている。また、情報や予測を伝えたり、懸念を示したりする場合にも使用されている。懸念を示す場合に、「なければ」という形式がしばしば用いられている。一方、反事実的なことを仮定する場合と相手から得た情報を真であると仮定する場合もあるが、使用頻度は低い。なお、ビジネス会話では、反事実的なことを仮定するときに、「ば」しか使われていないようである。

　「ば」の慣用的用法は、高頻度の表現として、社内の場面で助言、提案をするときに使用される「ばいい」、社外の場面または社内の場面で目上の人に依頼するときに使用される「～いただければと」「～いただければと思う」のような後件を省略した言いさしのものと、「よければ」のような連語的構成となっているものが挙げられる。

　「ば」の一般条件は主に「前件のことをすれば、必ず後件の結果が生じる」という業務や操作の指導をする場合に使用されている。

前置き表現では、「言う」からなるものが最も多く、主に話題を示すときに使用されている。また、「考える」「見る」「よる」などによって構成されるものも使われており、判断の根拠と基準を示している。

4.2 「たら」について

「たら」は主に仮定条件として使用されており、事実条件、慣用的用法、前置きの用法も見られるが、前置きの用法が稀である。

仮定条件の「たら」は社内の「目上→目下」の場面で多く使用されている。中心的用法は状況がまだ成立していない場合に結果を予測するという用法と、ある状況が実現したと設定し、その状況が成立した場合の相手に対する要求などを示すという用法である。また懸念を示す場合にも少なからず使用されている。必要条件を表す場合と相手から得た情報を事実として取り上げる場合もあるが、使用頻度が低い。

また、使用頻度の高い慣用的表現として、助言をするときに使用される「たらいい」、助言を求めるときに使用される「疑問詞＋たらいい」、相手に依頼するときに使用される「たらと思う」が挙げられる。

ビジネス会話では、自分の経験した事実を伝えるときに使用される事実条件の用法はすべて「たら」によって表されている。

4.3 「と」について

「と」は仮定条件として最も多用されており、一般条件、慣用的用法、前置きもしばしば使用されている。

仮定条件の「と」は社内の「目下→目上」の場面で多く使用されている。その中心的用法は望ましくない結果を予測することで、相手に実行の必要性を強調したり、注意を喚起したりするという用法である。「ないと」という形式が多用されている。また、前件のことがらはまだ発生していない場合とすでに発生している場合がある。一方、一般条件は主に業務や操作を説明する場合に使用

されている。

　使用頻度の高い前置き表現としては、「疑問詞＋かというと」という表現が挙げられる。会議のようなあらたまり度の高い場面に、次に述べる内容を予告するときに多用されている。高頻度の慣用的表現としては、「といい」、「と助かる／ありがたい」、「と困る」が挙げられる。

4.4「なら」について

　「なら」はビジネス会話での使用率が低く、すべて仮定条件として使用されている。その中心的な用法は相手から得た情報と相手の様子から想像できることを事実として取り上げ、自分の態度を示すことである。また、「ん（の）だったら」と「ん（の）であれば」の2形式に取って代わられる傾向がある。

4.5 ビジネス会話と職場の雑談における条件表現の使用傾向の相違

　本論の第4章では、ビジネス場面の会話を職場の雑談と比較考察した結果、両方の相違点について以下のことを明らかにした。

　雑談場面における「と」「ば」「たら」の仮定条件の中心的用法はビジネス場面と異なり、主に「前件のことが成立する場合に後件のことがらが成立する」という予測と判断を述べるときに使用されている。その原因は、ビジネス場面では、勧誘や提案などの場面が多いのに対して、雑談の場面では寛いだ話題が多く、勧誘や提案など働きかけを行う場面が遥かに少ないことにあると考えられる。また、相手から得た情報と相手の様子から想像できることを事実として取り上げ、自分の態度を示す用法は、ビジネス場面では、「なら」「の（ん）だったら」「の（ん）であれば」の3つの形式によって表されているが、雑談場面では「なら」しか使用されていない。

　さらに、「いただければと思う」や「よければ」など相手に対して依頼と勧誘をするときに使用される慣用的表現と発言の内容を予告する「疑問詞＋かというと」という前置き表現がビジネス場面でのみ使用されていることが顕著であ

る。この原因としては、雑談場面では、婉曲的な表現より直接な依頼を、丁寧な説明より簡潔な表現を使う傾向があるためと考えられる。

5　商法における条件表現

　本論の第6章では、商法における条件表現の使用状況を明らかにするために、「会社法」と口語体の「商法」の条文を調査した。明らかにした点を以下にまとめる。

①口語体の「商法」と「会社法」では、「とき」「場合」「ば」の3つの条件表現が用いられている。

②「ときは」と「場合には」は主に「仮説的な条件を表す」用法と「起こる可能性の高い状況を限定して提示する」用法で使用されている。しかし、「場合には」は「ときは」と異なって、条文に掲げる事情と規定を前提条件として提示する場合がある。

③「場合においては」は常に「この場合においては」の形で、前の条文に述べられている状況を限定して提示する場合に用いられている。一方、「場合において」は主に「とき」が構成する条件表現の中で使用されている。

④「場合を除き」と「ときを除き」は仮定した状況を例外とする表現である。「場合に限る」はある状況を限定して、後件の事態成立の必要十分条件とする表現である。

⑤「なければ」は後件の「ない」と共起して、ある状況を成立させる「必要条件」を提示する場合に用いられている。

　さらに、第7章では、現在の「商法」（最終改正：平成二六年六月二七日法律第九一号）の条文を調査対象とし、口語体と文語体の条件表現形式を比較しながら考察して、口語体「商法」と文語体「商法」における条件表現の使用傾向を明らかにした。また、制定当初の「商法」（明治32年商法）を調査して、これを口語体「商法」と参照しながら、口語体と文語体の条件表現形式の対応関

係を明らかにした。

6　今後の課題

　本論は多様なビジネス言語資料から用例を採り、条件表現はどのような場面でどのような用法で使用されているのかに焦点を当てて考察を行って、ビジネス日本語における条件表現の使用傾向と用法の特徴をある程度明らかにした。しかしながら、ビジネス場面の言語使用の領域はビジネス会話、ビジネス文書の作成と読解、商法の読解に限らないので、ビジネス場面における言語使用の領域をより広く設定し、さらに多くのビジネス言語資料を考察する必要があると考える。今後は、場面を細分化し、場面別の使用傾向をより深く考察したいと考える。さらに、日本語教科書における条件表現の提示や解説を明らかにし、それをビジネス日本語における条件表現の使用傾向や用法の特徴と照らしてあわせることによって、どの段階でどのような条件表現の用法を提出すべきか、試案を考え出す。また、その試案を実際の教室活動に導入して、効果を検証しようと思う。

参考文献

有田節子 (2006)「条件表現の研究の導入」『条件表現の対照』くろしお出版
有田節子 (1993)「日本語条件文研究の変遷」『日本語の条件表現』くろしお出版
有田節子 (2007)『日本語条件文と時制節性』くろしお出版
庵功雄・高梨信乃・中西久実子・山田敏弘 (2000)『初級を教える人のための日本語文法ハンドブック』スリーエーネットワーク
伊藤勲 (2005)「『ば』『たら』『なら』の用法」『条件法研究』 p59 − 108　近代文芸社
伊藤真 (2015)『伊藤真の商法入門　第 5 版』日本評論社
市川保子 (2007)『中級日本語文法と教え方のポイント』スリーエーネットワーク
江田すみれ (1992)「複合辞による条件表現Ⅱ―『と』『とすると』『となると』の意味と機能について―」『日本語教育』78
奥田靖雄 (1986)「条件づけを表現するつきそい・あわせ文―その体系性をめぐって―」『教育国語』87
海外技術者研修協会 (2007)『日本企業における外国人留学生の就業促進に関する調査研究』http://www.hidajapan.or.jp/jp/project/nihongo/asia/r_info/pdf/press070514_2.pdf
『会社法』(平成十七年七月二十六日法律第八十六号) 総務省法令データ提供システム：http://law.e-gov.go.jp/htmldata/H17/H17HO086.html　最終改正：平成二八年六月三日法律第六二号
工藤浩 (2005)「文の叙述性と機能」『国語国文学』第 231 号　東京大学国語国文会
グループジャマシイ (1998)『教師と学習者のための日本語文型辞典』くろしお出版
経済産業省 (2007)「外国人留学生向けの 研修のあり方にいて」http://www.meti.go.jp/committee/materials/downloadfiles/g70410b01j.pdf

言語学研究会・構文論グループ(1985)「条件づけを表現するつきそい・あわせ文（三）－その３・条件的なつきそい・あわせ文－」『教育国語』83　教育科学研究会・国語部会編

現代日本語研究会編（2002）『男性のことば・職場編』　ひつじ書房

小出慶一・小松紀子・才田いずみ（1981）「ト・バ・タラー談話における選択要因を求めて-」『アメリカ・カナダ十一大学連合日本研究センター紀要』4　p30- p 66

国立国語研究所（1964）『現代雑誌九十種の用語用字 第３分冊分析』秀英出版

小林賢次(1996)『日本語条件表現史の研究』ひつじ書房

坂原茂(1985)『日常言語の推論』　東京大学出版会

坂原茂(1993)「条件表現の語用論」『日本語の条件表現』くろしお出版

真田信治(1988)「話しことばの実態」『話し言葉のコミュニケーション』凡人社

塩入すみ(1995)「トキとトキニとトキ（ニ）ハ—時を表す 従属節の主題化形式と非主題．化形式—」『日本語類義表現の文法（下）』くろしお出版

『商法』（明治三十二年法律第四十八号）総務省法令データ提供システム　http://law.e-gov.go.jp/htmldata/M32/M32HO048.html　最終改正：平成二六年六月二七日法律第九一号

鈴木忍(1978)『教師用日本語教育ハンドブック３　文法Ⅰ』凡人社

鈴木義和(1993)「ナラ条件文の意味」『日本語の条件文』くろしお出版

ソルヴァン，ハリー・前田直子（2005）「とばたらなら再考」『日本語教育』125 号

ソルヴァン，ハリー(2006)「日本語学習者における条件文習得問題について」『条件表現の対照』くろしお出版

高橋太郎（1983）「動詞の条件形の後置詞化」『副用語の研究』明治書院

高橋太郎（1993）『動詞 九章』ひつじ書房

高橋太郎（1994）『日本語の文法』ひつじ書房

田中寛(1985)「条件表現における提題化機能」『日本語教育』57

田中寛（1992)「条件表現と発話機能—慣用的側面をめぐって— 」『講座日本語教育』27　p71－p100

田中寛（2004a)「条件文と条件表現の体系的研究：序章」『大東文化大学紀要．人文科学』43　p277－p304

田中寛（2004b）「レバ条件文における文脈的な機能－論理関係と節末・文末表現に注目して－」『語学教育論叢』23号　p167－p190

田仁淑（1989）「条件文をともなう複文」『東京外国語大学日本語科年報』11　p59－p76

坪本篤朗(1993)「条件と時の連続性」『日本語の条件表現』くろしお出版

寺村秀夫(1981)『日本語の文法（下）』日本語教育指導参考書5　国立国語研究所

富田英夫(2007)『日本語文法の要点』くろしお出版

豊田豊子(1978)「接続助詞『と』の用法と機能（Ⅰ）」『日本語学校論集』5　東京外国語大学国語学部附属日本語学校

豊田豊子(1985)「『と、ば、たら、なら』の用法の調査とその結果」『日本語教育』56号 p50－p65

中島悦子(1998)「自然談話に現れる『と』『ば』『たら』『なら』―条件接続用法のあらたまり度―」『ことば』(19)

中島悦子(1999)「条件接続用法における『と』『ば』『たら』『なら』の使い分け―書きことばと話しことばの実態調査から―」『国士舘大学紀要』第24号

中島悦子(2007)「自然談話に現れる『と』『ば』『たら』『なら』の使い分け―自然談話録音にもとづいて―」『条件表現の研究』おうふう

中村幸弘（2014）『日本国憲法の日本語文法』右文書院

奈良夕里枝（2012）「日本語の条件表現における後件のモダリティー制約」フェリス女学院大学文学部紀要第47号

西光義弘(2006)「条件表現とは何か？」『条件表現の対照』くろしお出版

仁田義雄（1987）「条件づけとその周辺」『日本語学』6－9　p13－p27　明治書院

仁田義雄他(1991)『日本語のモダリティ』くろしお出版

日本語記述文法研究会(2003)『現代日本語文法4 第8部 モダリティ』くろしお出版

日本語記述文法研究会(2008)『現代日本語文法6 第11部 複文』くろしお出版

蓮沼昭子(1985)「『ナラ』と『トスレバ』」『日本語教育』56　p65－p78

蓮沼昭子(1987)「条件文における日常的推論－「テハ」と「バ」の選択要因をめぐって」『国語学』150

蓮沼昭子(1993)「『たら』と『と』の事実的用法をめぐって」『日本語の条件表現』く

ろしお出版

原沢伊都夫（2014）『考えて、解いて、学ぶ日本語の教育文法』スリーエーネットワーク

藤城浩子（2000）「ト・バ・タラ―基本的な意味からの用法検証―」『三重大学留学生センター紀要』2号　p25 - p38

『法令全書明治 32 年』国立図書館　http://dl.ndl.go.jp/info:ndljp/pid/788011/83

堀恵子（2004a）「4 種類のコーパスにおける日本語条件表現の用いられ方―高等教育機関での日本語教育をめざして―」『麗澤大学紀要』78 号　p31 - p59

堀恵子（2004b）「バ条件文の文末制約を再考する―日本語母語話者に対する適格性判断調査から―」『言語と文明』第 2 巻　麗澤大学大学院言語教育研究科論集 p108 - p135

堀恵子（2005）「日本語条件文のプロトタイプ的意味・用法と拡張―コーパス調査と言語学的有標性の 2 つの観点から―」『日本語教育』126 号　p124 - p133

前田直子(1991)「条件文分類の一考察」『日本語学科年報』13　東京外国語大学

前田直子（1995）「バ、ト、タラ、ナラ―仮定条件を表す形式」『日本語類義表現の文法（下）複文・連文編』くろしお出版

前田直子(2009)『日本語の複文』くろしお出版

前田直子・有田節子・蓮沼昭子(2010)『日本語文法セルフマスターシリーズ7 条件表現』くろしお出版

益岡隆志・田窪行則(1992)『基礎日本語文法―改訂版―』くろしお出版

益岡隆志（1993）「日本語の条件表現について」『日本語の条件表現』くろしお出版

益岡隆志（1997）『複文』くろしお出版

益岡隆志（2000）「複文各論」『複文と談話』日本語の文法 4　岩波書店

益岡隆志(2006)「日本語における条件形式の分化：文の意味的階層構造の観点から」『条件表現の対照』くろしお出版

三上章(1963)『日本語の論理』くろしお出版

南不二男(1974)『現代日本語の論理』くろしお出版

南不二男(1993)『現代語法序説』くろしお出版

宮島達夫(1964)「バとトとタラ」『講座現代語(第六巻)―口語文法の問題点』p320 -

p321　明治書院

森田良行（1967）『講座日本語教育』　第三分冊　スリーエーネットワーク

森山卓郎・仁田義雄・工藤浩（2000）『日本語の文法3　モダリティ』岩波書店

諸星美智直(2012a)「日本語ビジネス文書学の構想―研究分野と研究法―」『国語研究』75号

諸星美智直(2012b)「ビジネス文書における『あしからず』の機能―ビジネス文書文例集を資料として―」『国学院大学日本語教育研究』第3号

李光赫(2011)『日中対象から見る条件表現の諸相』風詠社

劉暁華(2006)「条件句的生成机制与"ば""と""たら"的异同」『日本語学習と研究』3 日本語学習と研究雑誌社

劉暁華(2007)「关于日语条件句三维状态空间模型的研究」『日本語学習と研究』4 日本語学習と研究雑誌社

山口堯二(1969)「現代語の仮定条件法―『ば』『と』『たら』『なら』について」『月刊文法』1-2　p148－p156

叶希（2015）「ビジネス文書における条件表現」『国学院大学日本語教育研究』第6号　p68－p82

叶希（2016a）「ビジネス会話における条件表現―ビジネス日本語教科書を資料として―」『言語文化研究』第十五号　p39－p55　静岡県立大学短期大学部静岡言語文化学会

叶希（2016b）「ビジネス会話における条件表現―経済ドラマを資料として―」『国学院大学日本語教育研究』第7号　p70－p86

叶希(2017a)「商法における条件表現」『国学院大学大学院紀要―文学研究科―』第48輯　p151－p171

叶希(2017b)「口語体商法と文語体商法における条件表現」『国学院大学日本語教育研究』第8号　p110－p125

辞書類

『図解による法律用語辞書』　自由国民社　2013補訂4版追補版

『法律類語難語辞典』新版　林大（編集）山田卓生（編集）　有斐閣　1998年

初出一覧

＊以下に記載のない章は、博士論文執筆時に書き下ろし。
＊どの章も必要に応じて、初出論文に加筆・修正を加えている。

第1章　ビジネス文書における条件表現の使用状況
「ビジネス文書における条件表現」『国学院大学日本語教育研究』第6号　2015年3月

第2章　経済ドラマにおける条件表現の使用状況
「ビジネス会話における条件表現—経済ドラマを資料として—」『国学院大学日本語教育研究』第7号　2016年3月

第5章　ビジネス日本語会話教科書における条件表現の使用状況
「ビジネス会話における条件表現—ビジネス日本語教科書を資料として—」『言語文化研究』第十五号　静岡県立大学短期大学部静岡言語文化学会　2016年3月

第6章　商法における条件表現－「商法」と「会社法」を資料として－
「商法における条件表現」『国学院大学大学院紀要—文学研究科—』第48輯　2017年3月

第7章　口語体「商法」と文語体「商法」における条件表現
「口語体商法と文語体商法における条件表現」『国学院大学日本語教育研究』第8号　2017年3月

謝　辞

　本書は、國學院大學博士論文出版助成金の交付を受けたものです。
　この博士論文を作成するにあたり、終始温かいご指導と激励をくださった諸星美智直教授に心から感謝の意を表します。博士課程在学中、研究に向かう姿勢や研究に関する困難克服のための具体的な方策を何度も丁寧に教えてくださいました。曲がりなりにも博士論文をまとめることができたのも、先生がご多忙中にもかかわらず原稿を丹念にご添削くださったおかげです。本当にありがとうございました。
　また、國學院大學大学院在学中の研究生活において、多大なる刺激と笑いを提供しくださった研究室の皆様、明るくご支援くださった大学院事務課の皆様に感謝いたします。
　最後に、これまで私を暖かく支えてくれた家族に心から感謝の意を表します。

＜著者紹介＞

叶　希（ヨウ　キ）

　1989年（平成元年）、中国福建省生まれ。2015年（平成27年）、國學院大學大学院文学研究科高度国語・日本語教育コース修士課程修了。2018年（平成30年）、國學院大學大学院文学研究科高度国語・日本語教育コース博士課程修了。博士（文学）。現在、國學院大學大学院特別研究員。

　学術論文に、「ビジネス文書における条件表現」（『国学院大学日本語教育研究』第6号）、「ビジネス会話における条件表現―経済ドラマを資料として―」（『国学院大学日本語教育研究』第7号）、「ビジネス会話と職場の雑談における条件表現」（『國學院雑誌』第一一九巻第五号）、「ビジネス会話における条件表現―ビジネス日本語教科書を資料として―」（『言語文化研究』第十五号）、「商法における条件表現」（『国学院大学大学院紀要―文学研究科―』第48輯）、「口語体商法と文語体商法における条件表現」（『国学院大学日本語教育研究』第8号）等。

ビジネス日本語における条件表現
―日本語教育の観点から―

2018年11月15日　初版発行

著　者　叶　希 ⓒ YO KI
発行者　登坂　和雄
発行所　株式会社　郵研社
　　　　〒106-0041　東京都港区麻布台 3-4-11
　　　　電話 (03) 3584-0878　FAX (03) 3584-0797
　　　　ホームページ http://www.yukensha.co.jp
印　刷　モリモト印刷株式会社

ISBN978-4-907126-20-9　C3037
2018 Printed in Japan
乱丁・落丁本はお取り替えいたします。